CB076342

DOUGLAS TUFANO

EÇA DE QUEIRÓS
CONTO - ROMANCE

NA SALA DE AULA

MODERNA

© DOUGLAS TUFANO

COORDENAÇÃO EDITORIAL Maristela Petrili de Almeida Leite
EDIÇÃO DE TEXTO Janette Tavano
COORDENAÇÃO DE EDIÇÃO DE ARTE Camila Fiorenza
ILUSTRAÇÕES Weberson Santiago
DIAGRAMAÇÃO Cristina Uetake
COORDENAÇÃO DE REVISÃO Elaine Cristina del Nero
REVISÃO Andrea Ortiz
COORDENAÇÃO DE *BUREAU* Américo Jesus
COORDENAÇÃO DE PESQUISA ICONOGRÁFICA Luciano Baneza Gabarron
PESQUISA ICONOGRÁFICA Mariana Alencar e Marcia Sato
TRATAMENTO DE IMAGENS Marina M. Buzzinaro
PRÉ-IMPRESSÃO Helio P. de Souza Filho
COORDENAÇÃO DE PRODUÇÃO INDUSTRIAL Andrea Quintas dos Santos
IMPRESSÃO E ACABAMENTO Ricargraf

Dados Internacionais de Catalogação na Publicação (CIP)
(Câmara Brasileira do Livro, SP, Brasil)

Tufano, Douglas
 Eça de Queirós na sala de aula ; conto, romance / Douglas Tufano. – São Paulo : Moderna, 2016. – (Série na sala de aula)

ISBN 978-85-16-10250-0

1. Contos portugueses – História e crítica 2. Queirós, Eça de 1845-1900 – Crítica e interpretação. 3. Romance português – História e crítica. 4. Sala de aula – Direção I. Título. II. Série.

16-00448   CDD-869.09

Índice para catálogo sistemático:
1. Literatura portuguesa: História e crítica 869.09

Reprodução proibida. Art.184 do Código Penal e Lei 9.610 de 19 de fevereiro de 1998.

Todos os direitos reservados

EDITORA MODERNA LTDA.
Rua Padre Adelino, 758 - Belenzinho
São Paulo - SP - Brasil - CEP 03303-904
Vendas e Atendimento: Tel. (11) 2790-1300
www.modernaliteratura.com.br
2016

SUMÁRIO

8 Eça de Queirós, um escritor crítico e polêmico
    12 Gerações em conflito: a Questão Coimbrã
    14 As polêmicas Conferências Democráticas
    16 O Realismo, uma nova concepção literária
    17 Naturalismo e determinismo
    18 O escritor como cientista
    18 A morte em Paris
    21 Um autor que foi além do Realismo

22 Romances
    23 *O crime do padre Amaro*
    61 *O primo Basílio*

97 O realismo na pintura

102 Contos
    103 *No moinho*
    116 *Civilização*
    143 *O tesouro*

151 Entrevista imaginária com Eça de Queirós

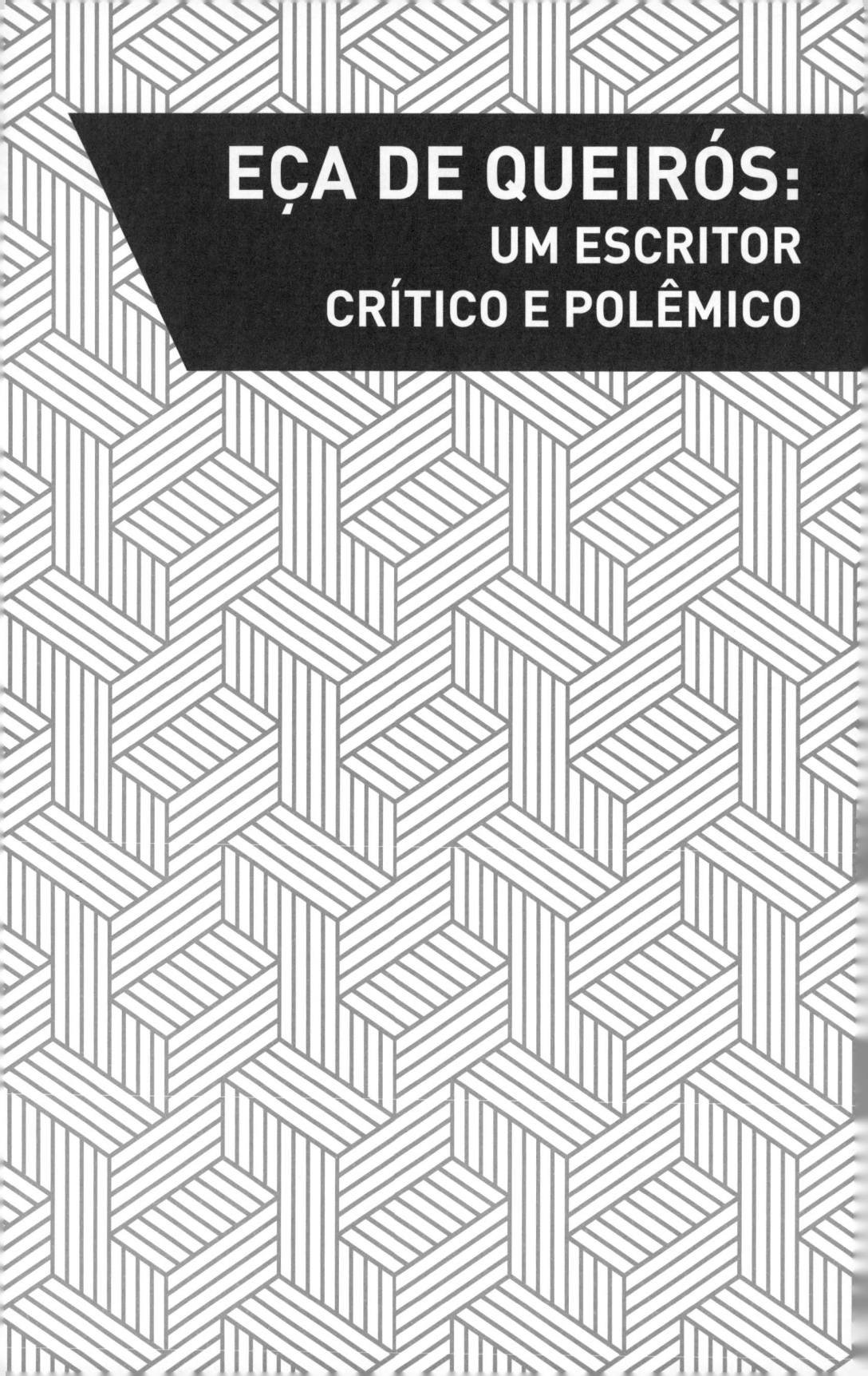

EÇA DE QUEIRÓS:
UM ESCRITOR CRÍTICO E POLÊMICO

Póvoa de Varzim é uma antiga cidade litorânea localizada ao norte de Portugal. Foi colônia do antigo Império Romano e, na Idade Média, tornou-se portuguesa. Hoje, graças à fama das praias da região, o turismo é uma de suas importantes fontes de renda, ao lado do desenvolvimento industrial.

Seu filho mais famoso é o escritor José Maria Eça de Queirós, que nasceu na cidade no dia 25 de novembro de 1845.

Como os pais de Eça só oficializaram o casamento em 1849, o menino passou praticamente toda a infância e a adolescência sem a companhia deles: no início viveu na casa dos avós e depois foi enviado para um colégio interno na cidade do Porto.

Monumento em homenagem a Eça de Queirós, em Póvoa de Varzim. No espelho d'água, é possível ver a representação de suas principais obras.

A UNIVERSIDADE DE COIMBRA, FUNDADA NO SÉCULO XIII, É UMA DAS MAIS ANTIGAS E FAMOSAS DA EUROPA. MAS NEM POR ISSO DEIXOU DE SER CRITICADA POR EÇA DE QUEIRÓS PELOS MÉTODOS ANTIQUADOS E AUTORITÁRIOS ADOTADOS POR ALGUNS PROFESSORES.

© Mariia Golovianko/Shutterstock

De 1861 a 1866, o escritor cursou a faculdade de Direito da Universidade de Coimbra, onde conheceu vários estudantes que depois se tornariam seus grandes amigos e com quem participaria de muitos debates literários e políticos.

Quando concluiu a faculdade, Eça foi morar com os pais em Lisboa. Mas isso durou pouco tempo: partiu para a cidade de Évora, onde, em 1867, fundou e dirigiu, por seis meses, o jornal de oposição política *O Distrito de Évora*. Apesar da sua formação em Direito, foi o jornalismo que marcou o início da sua vida profissional, aos 21 anos, tendo sido uma espécie de iniciação às discussões políticas que o entusiasmariam ao longo da vida.

Em 1869, viajou para o Egito, onde assistiu à inauguração do canal de Suez. Seria a primeira das muitas viagens internacionais que faria, pois a partir de 1872 ingressou na carreira diplomática e passou mais tempo no exterior do que em Portugal.

EÇA DE QUEIRÓS EM 1872.

EÇA DE QUEIRÓS.

GERAÇÕES EM CONFLITO: A QUESTÃO COIMBRÃ

O Realismo foi um movimento literário que se desenvolveu nas últimas décadas do século XIX. Aceita-se como seu início o ano de 1857, quando foi publicado o romance *Madame Bovary*, do escritor francês Gustave Flaubert (1821-1880).

Além de criticar a hipocrisia moral da burguesia, os realistas denunciaram as péssimas condições da população pobre, a exploração dos operários, a influência perniciosa da religião na sociedade e das práticas supersticiosas que ela apoiava.

As ideias liberais espalharam-se e o método científico de experimentação e observação da realidade passou a ser o único aceitável para a explicação e análise dos fatos.

Em Portugal, veio de um grupo de estudantes da Universidade de Coimbra a primeira manifestação explícita de repúdio ao sentimentalismo exagerado e apego às velhas fórmulas literárias dos escritores românticos, pois, contrariamente à onda de racionalismo que provocava uma revisão crítica (e muitas vezes destruidora) dos valores religiosos e sociais, em Portugal ainda se respirava o ar de um pacato e melancólico provincianismo.

Essa polêmica tomou a forma de uma luta entre a velha e a nova geração e originou-se de um texto de 1865, do poeta romântico Antônio Feliciano de Castilho, no qual ele criticava as novas ideias literárias postas em circulação por alguns jovens estudantes de Coimbra, especialmente Teófilo Braga e Antero de Quental.

Antero respondeu à crítica de forma violenta, escrevendo uma carta aberta que foi divulgada com o título de "Bom senso e bom gosto". Nela, Castilho era acusado de obscurantismo. Antero defendia a liberdade de pensamento e a independência intelectual dos novos escritores. Atacava a decadente literatura romântica, pregando a renovação, porque ela era o futuro, como disse neste trecho:

"V. Exa. fez-se chefe desta cruzada tão desgraçada e tão mesquinha. Não posso senão dar-lhe os pêsames por tão triste papel. Mas se eu, como homem, desprezo e esqueço, como escritor é que não posso calar-me; porque atacar a independência do pensamento, a liberdade dos espíritos, é não só ofender o que há de mais santo nos indivíduos, mas é ainda levantar mão roubadora contra o patrimônio sagrado da humanidade — o futuro. É secar as nascentes da fonte aonde as gerações futuras têm de beber. É cortar a raiz das árvores a que os vindouros tinham de pedir sombra e sossego. É atrofiar as ideias e os sentimentos das cabeças e dos corações que têm de vir."

Nascia assim a Questão Coimbrã, como ficou conhecida essa polêmica, que passou a ser uma espécie de marco divisor entre o Romantismo e o Realismo.

O POETA ANTERO DE QUENTAL.

AS POLÊMICAS CONFERÊNCIAS DEMOCRÁTICAS

EÇA DE QUEIRÓS (À ESQUERDA) E SEU GRANDE AMIGO RAMALHO ORTIGÃO.

Levando adiante o intuito de agitar o acanhado meio cultural português, essa nova geração planejou, em 1871, um ciclo de conferências públicas para debater os problemas fundamentais do país.

O grupo que idealizou essas conferências era formado, entre outros, por Antero de Quental, Eça de Queirós, Oliveira Martins e Ramalho Ortigão. Esse evento ficou conhecido como **Conferências Democráticas**, que seriam realizadas no Cassino Lisbonense.

O programa divulgado dizia, entre outras coisas, que a intenção da iniciativa era a seguinte:

"Abrir uma tribuna, onde tenham voz as ideias e os trabalhos que caracterizam esse movimento do século, preocupando-nos sobretudo com a transformação social, moral e política dos povos; ligar Portugal com o movimento moderno, fazendo-o assim nutrir-se dos elementos vitais de que vive a humanidade civilizada; procurar adquirir a consciência dos fatos que nos rodeiam, na Europa;

agitar na opinião pública as grandes questões da filosofia e da ciência moderna; estudar as condições da transformação política, econômica e religiosa da sociedade portuguesa."

Já no início, essas conferências provocaram muitas polêmicas e causaram escândalos. O governo e, principalmente, a Igreja não viam com bons olhos toda essa agitação intelectual. Por isso, depois da quinta conferência, em 26 de junho de 1871, elas foram suspensas pelo presidente do Conselho de Ministros sob a acusação de divulgação de ideias subversivas ao regime. Houve muitos protestos contra essa suspensão, pois era claramente uma forma autoritária de censura. Assim se manifestou Eça de Queirós, no livro *Uma campanha alegre*, contra a acusação de subversão e agitação social:

"Nós não queremos também que num país como este, ignorante, desorganizado, se lance através das ambições e das cóleras o grito de revolta! Queremos a revolução preparada na região das ideias e da ciência; espalhada pela influência pacífica duma opinião esclarecida; realizada pelas concessões sucessivas dos poderes conservadores; enfim, *uma revolução pelo Governo*, tal como ela se faz lentamente e fecundamente na sociedade inglesa. [...] Mas que se faça calar, pondo-lhe a mão na boca, a ciência, a crítica literária, a história, contra isso, do fundo deste livro, pequeno mas honrado, em nome do respeito que nós devemos a nós mesmos, e do exemplo que devemos a nossos filhos, protestamos e apelamos, não para a Europa, o que seria sofrivelmente inútil, mas para o próprio [ministro] Sr. Marquês de Ávila, para uma coisa que ele deve ter debaixo da sua farda, uma coisa que se não cala, ainda quando em redor a intriga e o interesse fazem um ruído horrível à consciência!".

De qualquer forma, as cinco conferências realizadas contribuíram para agitar um pouco o ambiente literário e cultural, chamando a atenção para essa nova geração de escritores e intelectuais.

EÇA DE QUEIRÓS, OLIVEIRA MARTINS, ANTERO DE QUENTAL, RAMALHO ORTIGÃO E GUERRA JUNQUEIRO, EM FOTO DE 1884.

O REALISMO, UMA NOVA CONCEPÇÃO LITERÁRIA

A nova concepção literária, que ficaria conhecida como Realismo, foi assim explicada por Eça de Queirós:

"A arte moderna é toda de análise, de experiência, de comparação. A antiga inspiração, que em quinze noites de febre criava um romance, é hoje um meio de trabalho obsoleto e falso. Infelizmente já não há musas que insuflem num beijo o segredo da natureza! A nova musa é a ciência experimental dos fenômenos — e a antiga, que tinha uma estrela na testa e vestes alvas, devemos dizê-lo com lágrimas, lá está armazenada a um canto, sob o pó dos anos, entre as couraças dos cavaleiros andantes."

Para os escritores realistas, a obra literária deve nascer da observação e não da pura imaginação. Num de seus escritos, Eça de Queirós explicou qual seria a diferença fundamental entre um escritor que ele chama de idealista (ou romântico) e outro que ele denomina naturalista (ou realista):

"Apresentam-se dois novelistas — o idealista e o naturalista. Tu dá-lhes o teu assunto: uma menina que habita ali defronte.

O idealista não a quer ver nem ouvir; não quer saber mais detalhes. Toma imediatamente a sua boa pena de Toledo, recorda durante um momento os seus autores, e, num relance, cria-te a menina Virgínia deste modo: na figura, a graça de Margarida; no coração, a paixão grandiosa de Julieta; nos movimentos, a languidez de qualquer odalisca (à escolha); na mente, a prudência de Salomão, e nos lábios a eloquência de Santo Agostinho... [...]

É agora o escritor naturalista que a vai pintar. Este homem começa por fazer uma coisa extraordinária: Vai vê-la!...

Não se riam: o simples fato de ir ver Virgínia, quando se pretende descrever Virgínia, é uma revolução na Arte! É toda a filosofia cartesiana: significa que só a observação dos fenômenos dá a ciência das coisas. Este homem vai ver Virgínia, estuda-lhe a figura, os modos, a voz; examina o seu passado, indaga da sua educação, estuda o meio em que ela vive, as influências que a envolvem, os livros que lê, os gestos que tem — e dá enfim uma Virgínia que não é Cordélia, nem Ofélia, nem Santo Agostinho, nem Clara de Borgonha, mas que é a burguesa da Baixa, em Lisboa, no ano da graça de 1879.

Caro concidadão, a qual dás tu a preferência?

O primeiro mentiu-te. A Virgínia que tens diante de ti é um ser vago, feito de frases, que não tem carne nem osso, e que, portanto, não pertencendo à humanidade a que tu pertences, não te pode interessar. É uma quimera, não é um ser vivo. O que ela diz, pensa ou faz, não te adianta uma linha no conhecimento da paixão e do homem.

Uma tal Virgínia não pode ficar como documento duma certa sociedade, num determinado período: é um livro inútil.

Tens diante de ti uma moeda falsa.

O segundo dá-te uma lição de vida social: põe diante dos teus olhos, num resumo, o que são as Virgínias contemporâneas; faz-te conhecer o fundo, a natureza, o caráter da mulher com quem tens que viver. Se a Virgínia, em conclusão, não é boa — evitarás que tua filha seja assim; podes-te acautelar desde já com a nora que te espera; é-te lição no presente, e para o futuro, ficará como um documento histórico. É uma verificação da natureza.

E aqui tens, caro concidadão, reduzido a fórmula familiar, ao alcance da tua compreensão e despido de névoas filosóficas, o que é o idealismo e o que é o naturalismo, na pintura, no romance e no drama."

Como se vê, para o Realismo a obra literária deveria constituir um documento humano e social; seria, portanto, resultado de um estudo e não fruto apenas da imaginação do escritor.

NATURALISMO E DETERMINISMO

No interior do movimento literário realista podemos distinguir uma tendência, chamada Naturalismo, segundo a qual o comportamento humano é condicionado pelo meio ambiente e pelas características físicas e psicológicas hereditárias. Por esse ponto de vista, o ser humano não passa de um produto biológico sujeito às leis da natureza; por isso, em certas circunstâncias, seu comportamento pode ser facilmente previsto, pois ele teria sempre as mesmas reações, instintivas e incontroláveis.

Tal maneira de pensar constitui o *determinismo*: acredita-se que o meio e a genética determinam as ações da pessoa, restando pouco espaço para o livre-arbítrio. Por isso, há, nas obras naturalistas, uma ênfase nos aspectos instintivos brutais e sensuais dos seres humanos, que frequentemente são comparados a animais.

O ESCRITOR COMO CIENTISTA

Segundo o pensamento naturalista, o trabalho do escritor assemelha-se ao de um cientista em seu laboratório. É por isso que Émile Zola, o mais importante naturalista francês, que exerceu grande influência nos escritores portugueses e brasileiros, dizia o seguinte ao explicar como deveria trabalhar o romancista: "O observador apresenta os fatos tais como os observa, assenta o ponto de partida e estabelece o terreno sólido sobre o qual vão mover-se as personagens e desenvolver-se os fenômenos. Então aparece o experimentador e institui a experiência, quero dizer, faz movimentar-se as personagens numa história particular para nela mostrar que a sucessão dos fatos será tal como o exige o determinismo dos fenômenos que se põem em estudo".

O romance adquire então uma função diferente daquela que costumeiramente exerce no Romantismo. Não é mais visto apenas como entretenimento ou diversão de mulheres e estudantes, mas como instrumento de análise social, como afirmou o escritor brasileiro Aluísio Azevedo: "A palavra escrita, que antigamente era um instrumento de poetas lamuriosos e de novelistas piegas e imorais, serve hoje para demonstrar um fato, desenvolver uma tese, discutir um fenômeno".

A MORTE EM PARIS

Mesmo vivendo fora de Portugal em função da carreira diplomática — Inglaterra, Cuba, França —, Eça de Queirós não interrompeu as atividades literárias e jornalísticas, cada vez mais voltadas para as coisas da sua terra, mantendo intensa correspondência com intelectuais portugueses.

Em 1886, casou-se com Emília de Castro Pamplona, com quem teve quatro filhos: Maria, José Maria, Antônio e Alberto.

Em 1888, Eça foi transferido para o consulado de Paris, na França, onde faleceu em 1900, no dia 16 de agosto. Sua prima Conceição d'Eça de Melo esteve em sua casa nesse dia e deixou um relato dos últimos momentos do escritor. Eis um trecho de seu depoimento, quando ela ouviu o médico dizer que Eça de Queirós estava morrendo:

OS FILHOS E A MULHER DE EÇA DE QUEIRÓS (DA ESQUERDA PARA A DIREITA): ALBERTO, ANTÔNIO, JOSÉ MARIA, MARIA E EMÍLIA, EM 1890.

O ESCRITOR AO LADO DA ESPOSA NA CASA EM PARIS.

EÇA DE QUEIRÓS.

EÇA E OS FILHOS JOSÉ MARIA E MARIA.

"Fiquei aterrada. Até ali esperava sempre na possibilidade da cura. Parecia-me impossível que aquele homem de tão grande talento, tendo ainda um tão largo futuro e ocupando tão grande lugar no mundo das letras, fosse acabar assim quase de repente, tão rapidamente desaparecesse! (...)

Saí do quarto fazendo um sinal à pobre Emília, que tão breve o luto da viuvez envolveria.

— O José vai morrer — disse-lhe brutalmente, logo que saímos do quarto. — Queres que vá buscar um padre?

— Não me digas isso — soluçou ela. E os seus olhos tiveram uma expressão de desvairamento que me aterrorizou.

Desci a correr e entrei para a primeira carruagem que encontrei na Avenida de Neuilly. Dentro em poucos minutos apeava-me à porta da casa dos missionários, onde o superior, cheio de bondade, me afirmou que um padre iria imediatamente. Voltei à Avenida de Neuilly.

O espetáculo que se me deparou, quando entrei no quarto, onde agonizava o belo espírito de Eça de Queirós, é para mim inolvidável. As duas janelas estavam abertas sobre o jardim. Eça de Queirós, estendido na cama, colocada ao meio do quarto, tinha os olhos quase cerrados, mas respirava serenamente. A um lado da cama, chorando perdidamente, estava a pobre Emília. Os criados, ajoelhados um pouco atrás, soluçavam.

Pelas janelas abertas, as tílias do jardim pareciam espreitar, e um raio de sol, desse belo e glorioso sol de agosto, nimbava de uma auréola de ouro a fina silhueta do romancista.

Caí de joelhos do outro lado da cama, e logo após mim chegava o respeitável padre Lanfant, que lançou a absolvição ao moribundo. Ao mesmo tempo, ouvia-se, a pouca distância, um coro de vozes infantis, de uma infinita doçura, implorando para aquela alma a misericórdia celeste. A impressão produzida por aquela música maviosa e simples, não a sei descrever. Pareceu-me alguma coisa de sobrenatural. Era como se um coro de anjos viesse receber aquela grande alma, prestes a sair deste mundo.

O caso era simples. A um dos lados do jardim corria o de um orfelinato. As irmãs que o dirigiam souberam que Eça de Queirós morria, e juntando as crianças cantaram todas o sublime *Miserere*."

E assim, aos 54 anos, Eça de Queirós faleceu, ao som de um *Miserere*, um cântico religioso que pede a misericórdia de Deus.

UM AUTOR QUE FOI ALÉM DO REALISMO

Eça de Queirós foi o introdutor e o principal prosador do Realismo em Portugal. Mas isso não significa que ele tenha seguido sempre os princípios rígidos que nortearam esse movimento. Nunca abandonou o olhar crítico sobre a sociedade e o comportamento humano, mas não se deixou aprisionar por esses princípios, como mostra sua obra de romancista e contista, afinal a arte não se esgota na pura observação objetiva dos fatos. Em 1893, chegou a afirmar que "em literatura, estamos assistindo ao descrédito do naturalismo". Diz ainda que o "romance experimental, de observação positivista, todo estabelecido sob documentos findou". E para ele, um dos motivos disso foi "o modo brutal e rigoroso com que o positivismo científico tratou a imaginação, que é uma tão inseparável e legítima companheira do homem, como a razão".

Eça criou um estilo próprio e deixou uma marca muito pessoal na história da literatura portuguesa. De sua vasta produção como escritor, que inclui relatos de viagem, crônicas, ensaios, contos, o destaque fica com seus romances, dos quais os mais importantes são *O crime do padre Amaro*, *O primo Basílio*, *Os Maias*, *A ilustre casa de Ramires* e *A cidade e as serras*.

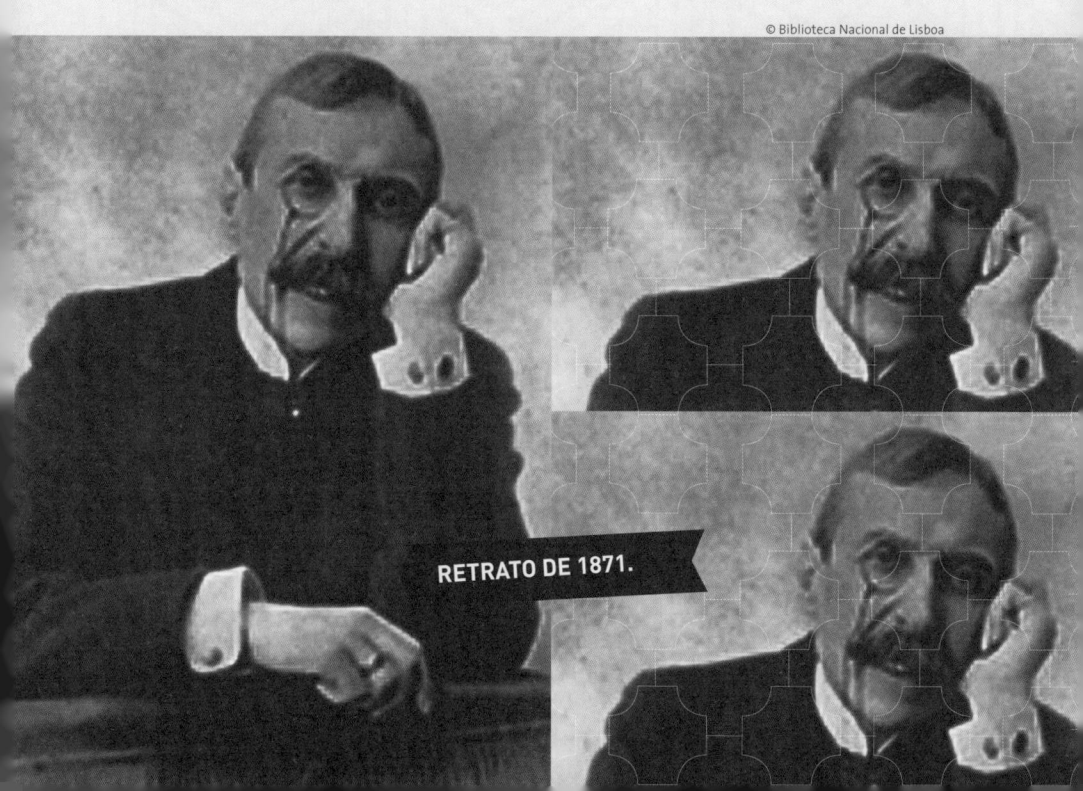

© Biblioteca Nacional de Lisboa

RETRATO DE 1871.

ROMANCES

O CRIME DO PADRE AMARO

O enredo de *O crime do padre Amaro* gira em torno da figura de Amaro Vieira, lisboeta, filho de um casal que trabalhara para o marquês de Alegros. Órfão de pais aos 6 anos, cresce sob os cuidados da marquesa, que decide prepará-lo para a carreira eclesiástica. Vivendo entre as criadas, torna-se um menino mimado. Quando entra para o seminário, aos 15 anos, é um rapaz física e psicologicamente fraco. Aceita passivamente o sacerdócio, sem demonstrar no fundo nenhuma inclinação para esse tipo de vida. Por intermédio de um antigo professor no seminário, o cônego Dias, "mestre de moral", obtém a paróquia da cidade de Leiria, no interior de Portugal. Hospeda-se na casa da senhora Augusta Caminha, uma viúva chamada por todos de S. Joaneira por ter nascido em S. João da Foz. Ela, na verdade, é amante do cônego, que a ajuda financeiramente. Ela é viúva e tem uma filha, Amélia, uma linda morena de 23 anos, desejada por todos os rapazes. Com a convivência na mesma casa, Amaro se apaixona por Amélia e a seduz, fazendo-a sua amante.

O cinismo e a imoralidade dos colegas (cônego Dias, padre Natário, padre Brito), que vivem a explorar a ingenuidade e a mente supersticiosa dos fiéis, amortecem a consciência de Amaro, que acaba sendo como eles, não hesitando em satisfazer seus desejos pessoais à custa daqueles a quem deveria servir de guia espiritual e moral. A exceção entre eles é o abade Ferrão, o único religioso virtuoso do romance. As beatas de Leiria, porém, não compreendiam sua simplicidade e austeridade e o consideravam um "relaxado". Sua firmeza de caráter e seriedade no cumprimento da missão sacerdotal põem em evidência a corrupção moral e a hipocrisia dos outros padres, acentuando ainda mais a crítica social de Eça de Queirós.

Amélia fica grávida e Amaro dá um jeito de afastá-la da família para abafar o escândalo. Durante o período da gravidez, eles discutem muito e Amélia começa a sentir que Amaro, na verdade, só pensa em si mesmo, em preservar seu nome e sua carreira. Além disso, ela começa a ter problemas de consciência por ter se envolvido com ele e acaba sendo confortada pelo velho abade Ferrão, um religioso compreensivo e amoroso que a visita diariamente. Ela dá à luz um menino, mas passa mal e acaba falecendo. Amaro entrega o filho a uma mulher, mas, dali a alguns dias, o bebê também morre. Transtornado e infeliz, Amaro muda-se de Leiria, mas, depois de alguns anos, no final do romance, vamos encontrá-lo de bem com a vida, sem que nada indique que ele tenha mudado seu comportamento de sedutor.

Fiel aos princípios realistas e naturalistas, Eça dá um peso decisivo à influência do meio ambiente na determinação do comportamento dos personagens. A obrigação da castidade, por outro lado, é um fardo pesado demais para esses padres que, vivendo num ambiente moralmente relaxado e conivente, não demonstram força para resistir aos apelos da carne e seduzem as mulheres de quem deviam cuidar, aproveitando-se para isso da confissão, que usam para manipular a consciência dos fiéis.

Mas o romance não se limita a falar da influência perniciosa dos padres corruptos e imorais. A crítica abrange todo o edifício social, apontando os problemas políticos, a corrupção das instituições, a hipocrisia da classe burguesa, o atraso de Portugal com relação aos outros países europeus. Nem todos os personagens, porém, são apresentados como negativos. Há exceções, por exemplo, como o doutor Gouveia, médico honesto e decente, e o abade Ferrão, religioso que, por sua postura séria e comprometida com os mais altos ideais cristãos, honra a instituição da Igreja, mas, esquecido pelas autoridades religiosas, vive isolado num lugar pobre e distante.

Uma característica marcante do estilo do autor neste romance é o uso da ironia e do sarcasmo, para revelar a verdade por trás das aparências. Um exemplo disso aparece nos parágrafos finais, quando o conde de Ribamar, conversando com o padre Amaro e o cônego Dias, diz o seguinte: "— A verdade, meus senhores, é que os estrangeiros invejam-nos... E o que vou a dizer não é para lisonjear a vossas senhorias; mas enquanto neste país houver sacerdotes respeitáveis como vossas senhorias, Portugal há de manter com dignidade o seu lugar na Europa! Porque a fé, meus senhores, é a base da ordem!".

Polêmico e irreverente, *O crime do padre Amaro*, publicado em 1875, é o primeiro romance realista da literatura portuguesa.

CAPA DO DVD DO FILME *O CRIME DO PADRE AMARO*, PRODUÇÃO MEXICANA DE 2002.

Texto 1[1]

Depois da chegada do padre Amaro à cidade de Leiria, o narrador volta ao passado para contar a origem do personagem. Esse flashback é muito importante, porque, seguindo o modelo realista, conhecer o meio social em que o padre se formou é fundamental para entender seu comportamento.

[A infância de Amaro]

Amaro Vieira nascera em Lisboa em casa da senhora marquesa de Alegros. Seu pai era criado do marquês; a mãe era criada de quarto, quase uma amiga da senhora marquesa. Amaro conservava ainda um livro, o *Menino das selvas*, com bárbaras[2] imagens coloridas, que tinha escrito na primeira página branca: *À minha muito estimada criada Joana Vieira e verdadeira amiga que sempre tem sido. — Marquesa de Alegros*. Possuía também um daguerreótipo[3] de sua mãe: era uma mulher forte, de sobrancelhas cerradas, a boca larga e sensualmente fendida, e uma cor ardente. O pai de Amaro tinha morrido de apoplexia[4]; e a mãe, que fora sempre tão sã, sucumbiu, daí a um ano, a uma tísica de laringe[5]. Amaro completara então seis anos. Tinha uma irmã mais velha que desde pequena vivia com a avó em Coimbra, e um tio, merceeiro[6] abastado do bairro da Estrela. Mas a senhora marquesa ganhara amizade a Amaro; conservou-o em sua casa, por uma adoção tácita[7]; e começou, com grandes escrúpulos, a vigiar a sua educação.

---

1 Textos reproduzidos do livro *O crime do padre Amaro*. São Paulo: Moderna, 2015.
2 **Bárbaras:** grosseiras.
3 **Daguerreótipo:** foto obtida por meio de um primitivo aparelho inventado pelo francês Louis Daguerre (1787-1851).
4 **Apoplexia:** acidente vascular cerebral.
5 **Tísica de laringe:** laringite crônica e ulcerosa.
6 **Merceeiro:** proprietário de mercearia.
7 **Adoção tácita:** Amaro já estava tão entrosado naquela família, que a marquesa nem pensou em abandoná-lo, passando a tratá-lo como um filho.

A marquesa de Alegros ficara viúva aos quarenta e três anos e passava a maior parte do ano retirada na sua quinta[1] de Carcavelos[2]. Era uma pessoa passiva, de bondade indolente, com capela em casa, um respeito devoto pelos padres de São Luís, sempre preocupada dos interesses da Igreja. As suas duas filhas, educadas no receio do Céu e nas preocupações da moda, eram beatas e faziam o *chic*[3] falando com igual fervor da humildade cristã e do último figurino de Bruxelas. Um jornalista de então dissera delas: "pensam todos os dias na *toilette* com que hão de entrar no Paraíso". [...]

A senhora marquesa resolvera desde logo fazer entrar Amaro na vida eclesiástica. A sua figura amarelada e magrita pedia aquele destino recolhido: era já afeiçoado às coisas de capela, o seu encanto era estar aninhado ao pé de mulheres, no calor das saias unidas, ouvindo falar de santos. A senhora marquesa não o quis mandar ao colégio, porque receava a impiedade dos tempos[4] e as camaradagens imorais[5]. O capelão da casa ensinava-lhe o latim, e a filha mais velha, a senhora dona Luísa, que tinha um nariz de cavalete e lia Chateaubriand[6], dava-lhe lições de francês e de geografia.

Amaro era, como diziam os criados, um *mosquinha-morta*. Nunca brincava, nunca pulava ao sol. Se à tarde acompanhava a senhora marquesa às alamedas da quinta, quando ela descia pelo braço do padre Liset ou do respeitoso procurador Freitas, ia a seu lado, mono[7], muito encolhido, torcendo com as mãos úmidas o forro das algibeiras[8] — vagamente assustado das espessuras dos arvoredos e do vigor das relvas altas.

(Trecho do cap. 3, p. 40-42)

> 1. No segundo parágrafo, de forma irônica, que críticas faz o narrador da religiosidade da marquesa e de suas filhas?
> 2. Quais são os motivos que conduziram Amaro à carreira religiosa?

---

1 Quinta: sítio.
2 Carcavelos: pequena localidade litorânea, a uns 20 quilômetros de Lisboa.
3 Faziam o *chic*: mostravam-se elegantes, chiques, sofisticadas.
4 Impiedade dos tempos: a falta de religião daquela época.
5 Camaradagens imorais: amizades com pessoas imorais.
6 François René, visconde de Chateaubriand (1768-1848): escritor francês.
7 Mono: tristonho.
8 Algibeiras: bolsos.

Texto 2

 Morando na casa de S. Joaneira e sua filha, Amaro tem a oportunidade de passar momentos a sós com Amélia. Atraído pela beleza da jovem, começa a mostrar-se interessado por ela e é correspondido, apesar de ela estar comprometida com um rapaz chamado João Eduardo, que também frequenta a casa.

[Atração sensual]

Eles ficavam sós; não falavam, mas os seus olhos tinham um longo diálogo mudo, que os ia penetrando da mesma languidez[1] dormente. Então Amélia cantarolava baixo o *Adeus* ou o *Descrente*; Amaro acendia o seu cigarro, e escutava bamboleando a perna.

---

1 Languidez: **sensualidade, volúpia.**

— É tão bonito isso! — dizia.

Amélia cantava mais acentuadamente, cosendo depressa; e a espaços, erguendo o busto, mirava o alinhavado ou o posponto, passando-lhe por cima, para o assentar, a sua unha polida e larga.

Amaro achava aquelas unhas admiráveis, porque tudo que era *ela* ou vinha *dela* lhe parecia perfeito; gostava da cor dos seus vestidos, do seu andar, do modo de passar os dedos pelos cabelos, e olhava até com ternura para as saias brancas que ela punha a secar à janela do seu quarto, enfiadas numa cana[1]. Nunca estivera assim na intimidade de uma mulher. Quando percebia a porta do quarto dela entreaberta, ia resvalar para dentro olhares gulosos, como para perspectivas de um paraíso: um saiote pendurado, uma meia estendida, uma liga que ficara sobre o baú eram revelações da sua nudez, que lhe faziam cerrar os dentes, todo pálido. E não se saciava de a ver falar, rir, andar com as saias muito engomadas que batiam as ombreiras das portas estreitas. Ao pé dela, muito fraco, muito langoroso[2], não lhe lembrava que era padre: o Sacerdócio, Deus, a Sé, o Pecado ficavam embaixo, longe; via-os muito esbatidos do alto do seu enlevo[3], como de um monte se veem as casas desaparecer no nevoeiro dos vales; e só pensava então na doçura infinita de lhe dar um beijo na brancura do pescoço, ou mordicar-lhe a orelhinha.

Às vezes revoltava-se contra esses desfalecimentos, batia o pé:

— Que diabo, é necessário ter juízo! É necessário ser homem!

Descia, ia folhear o seu Breviário[4]; mas a voz de Amélia falava em cima, o tique-tique das suas botinas batia o soalho... Adeus! a devoção caía como uma vela a que falta o vento; as boas resoluções fugiam, e lá voltavam as tentações em bando a apoderar-se do seu cérebro, frementes[5], arrulhando[6], roçando-se umas pelas outras como um bando de pombas que recolhem ao pombal. Ficava todo subjugado, sofria. E lamentava então a sua liberdade perdida; como desejaria não a ver, estar longe de Leiria, numa aldeia solitária, entre gente pacífica, com uma criada velha cheia de provérbios e de economia, e passear pela sua horta quando as alfaces verdejam e os galos cacarejam ao sol! Mas Amélia, de cima, chamava-o — e o encanto recomeçava, mais penetrante.

(Trecho do cap. 6, p. 101-102)

---

1 **Cana: espécie de varal improvisado.**
2 **Langoroso: sensual.**
3 **Enlevo: encantamento, êxtase.**
4 **Breviário: livro que contém as orações, salmos etc. que os sacerdotes católicos devem rezar todos os dias.**
5 **Frementes: vibrantes.**
6 **Arrulhando: murmurando.**

A SÉ DE LEIRIA, ONDE O PADRE AMARO REZAVA AS MISSAS.

© Guiadacidade.com

1. Que conflito moral começa inquietar o padre Amaro?
2. É possível dizer que o texto mostra a luta entre instinto e razão que pode ocorrer dentro de um ser humano?

Texto 3

Neste texto, vemos o episódio em que Amaro descobre que o cônego e a S. Joaneira são amantes. Várias perguntas começam a surgir então na cabeça do padre.

[Uma descoberta surpreendente]

Lembrou-se que Amélia tinha ido passar a tarde com a senhora dona Joaquina Gansoso, numa fazenda ao pé da Piedade, e que a S. Joaneira falara em ir à irmã do cônego. Fechou devagar a cancela[1], subiu à cozinha a acender o seu candeeiro; como as ruas estavam molhadas da chuva da manhã, trazia ainda galochas de borracha; os seus passos não faziam rumor no soalho; ao passar diante da sala de jantar sentiu no quarto da S. Joaneira, através do reposteiro[2], de chita, uma tosse grossa; surpreendido, afastou sutilmente um lado do reposteiro, e pela porta entreaberta espreitou. Oh! Deus de Misericórdia! A S. Joaneira, em saia branca, atacava o colete[3]; e, sentado à beira da cama, em mangas de camisa, o cônego Dias resfolegava grosso[4]!

Amaro desceu, colado ao corrimão, fechou muito devagarinho a porta, e foi ao acaso para os lados da Sé. O céu enevoara-se, leves gotas de chuva caíam.

— E esta! E esta! — dizia ele assombrado.

Nunca suspeitara um tal escândalo! A S. Joaneira, a pachorrenta S. Joaneira! O cônego, seu mestre de Moral! E era um velho, sem os ímpetos do sangue novo, já na paz que lhe deveriam ter dado a idade, a nutrição, as dignidades eclesiásticas! Que faria então um homem novo e forte, que sente uma vida abundante no fundo das suas veias a arder!... Era, pois, verdade o que se cochichava no seminário, o que lhe dizia o velho padre Sequeira, cinquenta anos pároco da Gralheira: "Todos são do mesmo barro!" Todos são do mesmo barro — sobem em dignidades, entram nos cabidos[5], regem os seminários, dirigem as consciências envoltos em Deus como numa

---

1 Cancela: **portão.**
2 Reposteiro: **cortina que pende de portas do interior da casa, separando ambientes.**
3 Atacava o colete: **apertava o espartilho.**
4 Resfolegava grosso: **respirava ofegante.**
5 Cabidos: **corporação dos cônegos.**

absolvição permanente, e têm no entanto, numa viela, uma mulher pacata e gorda, em casa de quem vão repousar das atitudes devotas e da austeridade do ofício, fumando cigarros de estanco¹ e palpando uns braços rechonchudos!

Vinham-lhe então outras reflexões: que gente era aquela, a S. Joaneira e a filha, que viviam assim sustentadas pela lubricidade² tardia de um velho cônego? A S. Joaneira fora decerto bonita, bem-feita, desejável, outrora! Por quantos braços teria passado até chegar, pelos declives da idade, àqueles amores senis³ e malpagos? As duas mulherinhas, que diabo, não eram honestas! Recebiam hóspedes, viviam da concubinagem⁴. Amélia ia sozinha à igreja, às compras, à fazenda; e, com aqueles olhos tão negros, talvez já tivesse tido um amante! Resumia, filiava⁵ certas recordações: um dia que ela lhe estivera mostrando na janela da cozinha um vaso de rainúnculos⁶, tinham ficado sós, e ela, muito corada, pusera-lhe a mão sobre o ombro e os seus olhos reluziam e pediam; outra ocasião ela roçara-lhe o peito pelo braço! A noite caíra, com uma chuva fina. Amaro não a sentia, caminhando depressa, cheio de uma só ideia deliciosa que o fazia tremer: ser o amante da rapariga, como o cônego era o amante da mãe! Imaginava já a boa vida escandalosa e regalada; enquanto em cima a grossa S. Joaneira beijocasse o seu cônego cheio de dificuldades asmáticas, Amélia desceria ao seu quarto, pé ante pé, apanhando as saias brancas, com um xale sobre os ombros nus... Com que frenesi⁷ a esperaria! E já não sentia por ela o mesmo amor sentimental, quase doloroso; agora a ideia muito magana⁸ dos dois padres e as duas concubinas, de panelinha, dava àquele homem amarrado pelos votos uma satisfação depravada! Ia aos pulinhos pela rua. Que pechincha⁹ de casa!

(Trecho do cap. 6, p. 107-109)

1. Por que a descoberta feita por Amaro muda o modo como ele mesmo encarava sua paixão por Amélia? O que isso tem a ver com a questão da proibição que a Igreja impunha ao casamento dos padres?
2. Quais são os planos de Amaro para o seu relacionamento futuro com Amélia?

---

1 Estanco: **tabacaria.**
2 Lubricidade: **sensualidade.**
3 Senis: **próprios da velhice.**
4 Concubinagem: **união ilegal.**
5 Filiava: **relacionava.**
6 Rainúnculos: **certo tipo de planta.**
7 Frenesi: **excitação.**
8 Magana: **malandra.**
9 Pechincha: **vantagem.**

Texto 4

Este trecho mostra um almoço que reuniu os religiosos da cidade. É um dos episódios mais fortes do romance em termos de crítica social.

[Padres, vinho e discussões]

Os padres engasgavam-se de riso. Já duas canecas de vinho estavam vazias; e o padre Brito desabotoara a batina, deixando ver a sua grossa camisola de lã da Covilhã, onde a marca da fábrica, feita de linha azul, era uma cruz sobre o coração.

Um pobre então viera à porta rosnar lamentosamente padre-nossos[1]; e enquanto Gertrudes lhe metia no alforje metade de uma broa, os padres falaram dos bandos de mendigos que agora percorriam as freguesias.

— Muita pobreza por aqui, muita pobreza! — dizia o bom abade. — Ó Dias, mais este bocadinho da asa[2]!

— Muita pobreza, mas muita preguiça — considerou duramente o padre Natário. Em muitas fazendas sabia ele que havia falta de jornaleiros[3], e viam-se marmanjos, rijos como pinheiros, a choramingar padre-nossos pelas portas. — Súcia de mariolas[4]! — resumiu.

— Deixe lá, padre Natário, deixe lá! — disse o abade. — Olhe que há pobreza deveras. Por aqui há famílias, homem, mulher e cinco filhos, que dormem no chão como porcos e não comem senão ervas.

---

1 **Rosnar padre-nossos: pedir esmolas, implorar caridade.**
2 **Observe o contraste violento entre a comilança dos padres e a fome que fazia sofrer muita gente pobre da região.**
3 **Jornaleiros: trabalhadores braçais que ganham por dia. Um jornal é o pagamento diário de um trabalhador.**
4 **Súcia de mariolas: bando de malandros.**

— Então que diabo querias tu que eles comessem? — exclamou o cônego Dias lambendo os dedos depois de ter esburgado[1] a asa do capão. — Querias que comessem peru? Cada um como quem é[2]!

O bom abade puxou, repoltreando-se[3], o guardanapo para o estômago, e disse com afeto:

— A pobreza agrada a Deus Nosso Senhor.

— Ai, filhos! — acudiu o Libaninho num tom choroso — se houvesse só pobrezinhos isto era o reininho dos Céus[4]!

O padre Amaro considerou com gravidade:

— É bom que haja quem tenha cabedais[5] para legados pios[6], edificações de capelas...

— A propriedade devia estar na mão da Igreja — interrompeu Natário com autoridade.

O cônego Dias arrotou com estrondo e acrescentou:

— Para o esplendor do culto e propagação da fé.

— Mas a grande causa da miséria — dizia Natário com uma voz pedante — era a grande imoralidade.

— Ah! lá isso não falemos! — exclamou o abade com desgosto. — Neste momento há só aqui na freguesia mais de doze raparigas solteiras grávidas! Pois senhores, se as chamo, se as repreendo, põem-se-me a fungar de riso!

— Lá nos meus sítios — disse o padre Brito —, quando foi pela apanha[7] da azeitona, como há falta de braços, vieram as *maltas* trabalhar. Pois agora o verás! Que desaforo! — Contou a história das *maltas*, trabalhadores errantes, homens e mulheres, que andam oferecendo os braços pelas fazendas, vivem na promiscuidade e morrem na miséria. — Era necessário andar sempre de cajado em cima deles!

— Ai! — disse o Libaninho para os lados apertando as mãos na cabeça. — Ai, o pecado que vai pelo mundo! Até se me estão a eriçar os cabelos!

Mas a freguesia de Santa Catarina era a pior! As mulheres casadas tinham perdido todo o escrúpulo.

---

1 **Esburgado: limpado.**
2 **Cada um como quem é: a pobreza é vista cinicamente como um fato natural e inevitável, e não como fruto da injustiça social e da desigualdade econômica do país.**
3 **Repoltreando-se: acomodando-se confortavelmente na poltrona.**
4 **Libaninho é um personagem com traços caricatos, que representa o beato fanático, um autêntico "papa-missas", bajulador dos padres e cônegos.**
5 **Cabedais: recursos financeiros.**
6 **Legados pios: doações piedosas para a Igreja.**
7 **Apanha: colheita.**

— Piores que cabras — dizia o padre Natário alargando a fivela do colete.

E o padre Brito falou de um caso na freguesia de Amor[1]: raparigas de dezesseis e dezoito anos que costumavam reunir-se num palheiro — o palheiro do Silvério — e passavam lá a noite com um bando de marmanjos!

Então o padre Natário, que já tinha os olhos luzidios, a língua solta, disse, repoltreando-se na cadeira e espaçando as palavras:

— Eu não sei o que se passa lá na tua freguesia, Brito; mas, se há alguma coisa, o exemplo vem de alto… A mim têm-me dito que tu e a mulher do regedor…

— É mentira! — exclamou o Brito fazendo-se todo escarlate.

— Oh, Brito! Oh, Brito! — disseram em redor, repreendendo-o com bondade.

— É mentira! — berrou ele.

— E aqui para nós, meus ricos — disse o cônego Dias baixando a voz, com o olhinho aceso numa malícia confidencial —, sempre lhes digo que é uma mulher de mão-cheia!

— É mentira! — clamou o Brito. E falando de um jato: — Quem anda a espalhar isso é o morgado da Cumiada[2], porque o regedor não votou com ele na eleição… Mas, tão certo como eu estar aqui, quebro-lhe os ossos! — Tinha os olhos injetados, brandia o punho: — Quebro-lhe os ossos!

— O caso não é para tanto, homem — considerou Natário.

— Quebro-lhe os ossos! Não lhe deixo um inteiro!

— Ai, sossega, leãozinho! — disse o Libaninho com ternura. — Não te percas, filhinho!

Mas, recordando a influência do morgado da Cumiada, que era então oposição e que levava duzentos votos à urna, os padres falaram de eleições e dos seus episódios. Todos ali, a não ser o padre Amaro, sabiam, como disse Natário, "cozinhar um deputadozinho". Vieram anedotas; cada um celebrou as suas façanhas.

O padre Natário na última eleição tinha arranjado oitenta votos!

— Cáspite[3]! — disseram.

— Imaginem vocês como? Com um milagre!

— Com um milagre? — repetiram espantados.

— Sim, senhores.

Tinha-se entendido com um missionário, e na véspera da eleição receberam-se na freguesia cartas vindas do Céu e assinadas pela Virgem Maria, pedindo,

---

1 **Amor: nome de uma freguesia de Leiria. A freguesia corresponde à área de atuação de uma paróquia.**
2 **Morgado da Cumiada: rico proprietário de terras da região de Cumiada.**
3 **Cáspite (vem do italiano *caspita*): interjeição que expressa ideia de espanto.**

com promessas de salvação e ameaças do Inferno, votos para o candidato do governo. De chupeta[1], hem?

— De mão-cheia! — disseram todos.

Só Amaro parecia surpreendido.

— Homem! — disse o abade com ingenuidade — disso é que eu cá precisava. Eu então tenho de andar aí a estafar-me de porta em porta. — E sorrindo bondosamente: — Com o que se faz ainda alguma coisita é com o relaxe da côngrua[2]!

— E com a confissão — disse o padre Natário. — A coisa então vai pelas mulheres, mas vai segura! Da confissão tira-se grande partido.

O padre Amaro, que estivera calado, disse gravemente:

— Mas enfim a confissão é um ato muito sério, e servir assim para eleições...

O padre Natário, que tinha duas rosetas escarlates[3] na face e gestos excitados, soltou uma palavra imprudente:

— Pois o senhor toma a confissão a sério?

Houve uma grande surpresa.

— Se tomo a confissão a sério!? — gritou o padre Amaro recuando a cadeira, com os olhos arregalados.

— Ora essa! — exclamaram. — Oh, Natário! Oh, menino!

O padre Natário exaltado queria explicar, atenuar.

— Escutem, criaturas de Deus! Eu não quero dizer que a confissão seja uma brincadeira! Irra! Eu não sou pedreiro-livre[4]! O que eu quero dizer é que é um meio de persuasão, de saber o que se passa, de dirigir o rebanho para aqui ou para ali... E, quando é para o serviço de Deus, é uma arma. Aí está o que é: a absolvição é uma arma[5]!

— Uma arma! — exclamaram.

O abade protestava, dizendo:

— Oh, Natário! oh, filho! isso não!

O Libaninho tinha-se benzido; e, dizia, "tinha já um tal terror que até lhe tremiam as pernas!".

Natário irritou-se:

---

1 **De chupeta:** excelente. O narrador retrata os padres como uma classe exploradora do povo simplório e ignorante. Condenam hipocritamente a imoralidade, mas são os primeiros a desrespeitar os mandamentos religiosos e enganar a população com fins eleitoreiros.
2 **Relaxe da côngrua:** transferência para o poder judicial da cobrança da contribuição à Igreja que não foi paga no prazo legal.
3 **Rosetas escarlates:** coloração vermelha (nas faces).
4 **Pedreiro-livre:** maçom, aquele que pertence à maçonaria, associação de pessoas que no século XIX defendiam ideias republicanas e uma visão racionalista do mundo. A Igreja via os maçons como inimigos.
5 Repare na fala do padre Natário, que não tem escrúpulos de dizer que usa a confissão como forma de exercer domínio sobre os fiéis.

— Então talvez me queiram dizer — gritou — que qualquer de nós, pelo fato de ser padre, porque o bispo lhe impôs três vezes as mãos e porque lhe disse o *accipe*[1], tem missão direta de Deus; é Deus mesmo para absolver?!

— Decerto! — exclamaram — decerto!

E o cônego Dias disse, meneando uma garfada de vagens:

— *Quorum remiseris peccata, remittuntur eis*[2]. É a fórmula. A fórmula é tudo, menino...

— A confissão é a essência mesma do sacerdócio — soltou o padre Amaro com gestos escolares, fulminando Natário. — Leia Santo Inácio! Leia São Tomás!

— Anda-me com ele! — gritava o Libaninho pulando na cadeira, apoiando Amaro. — Anda-me com ele, amigo pároco! Salta-me no cachaço do ímpio[3]!

— Oh, senhores! — berrou Natário furioso com a contradição — o que eu quero é que me respondam a isto. — E voltando-se para Amaro: — O senhor, por exemplo, que acaba de almoçar, que comeu o seu pão torrado, tomou o seu café, fumou o seu cigarro, e que depois se vai sentar no confessionário, às vezes preocupado com negócios de família ou com faltas de dinheiro, ou com dores de cabeça ou com dores de barriga, imagina o senhor que está ali como um Deus para absolver?

O argumento surpreendeu.

O cônego Dias, pousando o talher, ergueu os braços, e com uma solenidade cômica exclamou:

— *Haereticus est*! É herege!

— *Haereticus est*! também eu digo — rosnou o padre Amaro.

Mas a Gertrudes entrava com a larga travessa do arroz-doce.

— Não falemos nessas coisas, não falemos nessas coisas — disse logo prudentemente o abade. — Vamos ao arrozinho. Gertrudes, dá cá a garrafinha do Porto!

(Trecho do cap. 7, p. 115-120)

1. Do ponto de vista social, que críticas podemos perceber nesse texto quanto ao comportamento dos padres?
2. Apesar de ser criticado pelos outros, o comportamento de Natário poderia ser visto como um exemplo da conduta de outros padres?

---

1 *Accipe* (em latim): aceite (o Espírito Santo). Alusão à cerimônia de ordenação dos sacerdotes quando o bispo outorga ao novo padre o poder de perdoar os pecados.
2 *Quorum remiseris peccata, remittuntur eis* (em latim): **os que perdoam os pecados são eles próprios perdoados.**
3 **Salta-me no cachaço do ímpio: salta-me na nuca do herege, daquele que não crê.**

Texto 5
Amaro ainda tinha dúvidas se Amélia estava ou não atraída por ele. Afinal, estava comprometida com João Eduardo, que frequentava a casa. Além disso, Amaro era um padre.

[Apaixonada]

Estava há muito namorada do padre Amaro — e às vezes, só, no seu quarto, desesperava-se por imaginar que ele não percebia nos seus olhos a confissão do seu amor! Desde os primeiros dias, apenas o ouvia pela manhã pedir debaixo o almoço, sentia uma alegria penetrar todo o seu ser sem razão, punha-se a cantarolar com uma volubilidade[1] de pássaro. Depois via-o um pouco triste. Por quê? Não conhecia o seu passado; e, lembrada do frade de Évora[2], pensou que ele se fizera padre por um desgosto de amor. Idealizou-o então: supunha-lhe uma na-

---

1 Volubilidade: **inconstância, mudança repentina de ânimo.**
2 **Amélia recorda-se de uma história contada por seu professor de piano a respeito de um jovem da cidade de Évora que se fizera frade franciscano por um desgosto amoroso.**

tureza muito terna, parecia-lhe que da sua pessoa airosa[1] e pálida se desprendia uma fascinação. Desejou tê-lo por confessor; como seria bom estar ajoelhada aos pés dele, no confessionário, vendo de perto os seus olhos negros, sentindo a sua voz suave falar do Paraíso! Gostava muito da frescura da sua boca; fazia-se pálida à ideia de o poder abraçar na sua longa batina preta! Quando Amaro saía, ia ao quarto dele, beijava a travesseirinha, guardava os cabelos curtos que tinham ficado nos dentes do pente. As faces abrasavam-se-lhe quando o ouvia tocar a campainha.

Se Amaro jantava fora com o cônego Dias, estava todo o dia impertinente, ralhava com a *Ruça*[2], às vezes mesmo dizia mal dele, "que era casmurro[3], que era tão novo que nem inspirava respeito". Quando ele falava de alguma nova confessada[4], amuava[5], com ciúme pueril[6]. A sua antiga devoção renascia, cheia de um fervor sentimental; sentia um vago amor físico pela Igreja; desejaria abraçar, com pequeninos beijos demorados, o altar, o órgão, o missal, os santos, o Céu, porque não os distinguia bem de Amaro, e pareciam-lhe dependências da sua pessoa. Lia o seu livro de missa pensando nele como no seu Deus particular. E Amaro não sabia, quando passeava agitado pelo quarto, que ela em cima o escutava, regulando as palpitações do seu coração pelas passadas dele, abraçando o travesseiro, toda desfalecida de desejos, dando beijos no ar, onde se lhe representavam os lábios do pároco!

(Trecho do cap. 7, p. 129-130)

1. Como nasceu o amor de Amélia pelo padre Amaro?
2. Na imaginação de Amélia, que características ela atribui ao padre Amaro?

---

1 Airosa: **elegante.**
2 Ruça: **apelido da empregada da casa.**
3 Casmurro: **fechado, pouco sociável.**
4 Nova confessada: **nova mulher que passava a se confessar com ele.**
5 Amuava: **ficava amuada, mal-humorada.**
6 Pueril: **infantil.**

Texto 6

A atração física que Amaro sente por Amélia é cada vez mais forte e o desejo de ser livre para ter uma vida sexual o atormenta, levando-o a questionar o que aprendera no seminário.

[A carne é fraca]

Amaro saía sempre de casa da S. Joaneira mais apaixonado por Amélia. Ia pela rua devagar, ruminando com gozo a sensação deliciosa que lhe dava aquele amor — uns certos olhares dela, o arfar desejoso do seu peito, os contatos lascivos dos joelhos e das mãos. Em casa despia-se depressa, porque gostava de pensar nela, às escuras, atabafado nos cobertores: e ia percorrendo em imaginação, uma a uma, as provas sucessivas que ela lhe dera do seu amor, como quem vai aspirando uma e outra flor, até que ficava como embriagado de orgulho; era a rapariga mais bonita da cidade! E escolhera-o a ele, a ele padre, o eterno excluído dos sonhos femininos, o ser melancólico e neutro que ronda como um ser suspeito à beira do sentimento! À sua paixão misturava-se então um reconhecimento por ela; e com as pálpebras cerradas murmurava:

— Tão boa, coitadinha, tão boa!

Mas na sua paixão havia às vezes grandes impaciências. Quando tinha estado, durante três horas da noite, recebendo o seu olhar, absorvendo a voluptuosidade[1] que se exalava de todos os seus movimentos, ficava tão carregado de desejos que necessitava conter-se "para não fazer um disparate ali mesmo na sala ao pé da mãe". Mas depois, em casa, só, torcia os braços de desespero; queria-a ali de repente, oferecendo-se ao seu desejo; fazia então combinações: escrever-lhe-ia; arranjariam um passeio a alguma quinta! Mas todos aqueles meios lhe pareciam incompletos e perigosos, ao recordar o olho finório[2] da irmã do cônego, as Gansosos tão mexeriqueiras! E, diante daquelas dificuldades que se erguiam como as muralhas sucessivas de uma cidadela, voltavam as antigas lamentações: não ser livre! não poder entrar claramente naquela casa, pedi-la à mãe, possuí-la sem pecado, comodamente! Por que o tinham feito padre? Fora "a velha pega" da marquesa de Alegros[3]! Ele não abdicara[4] voluntariamente a virilidade do seu peito! Tinham-no impelido para o sacerdócio como um boi para o curral!

Então, passeando excitado pelo quarto, levava as suas acusações mais longe, contra o celibato e a Igreja; por que proibia ela aos seus sacerdotes, homens vivendo entre homens, a satisfação mais natural, que até têm os animais? Quem imagina que desde que um velho bispo diz *serás casto* a um homem novo e forte, o seu sangue vai subitamente esfriar-se? E que uma palavra latina, *accedo*[5], dita a tremer pelo seminarista assustado, será o bastante para conter para sempre a rebelião formidável[6] do corpo? E quem inventou isso? Um concílio de bispos decrépitos[7], vindos do fundo dos seus claustros, da paz das suas escolas, mirrados como pergaminhos, inúteis como eunucos[8]! Que sabiam eles da Natureza e das suas tentações? Que viessem ali duas, três horas para ao pé[9] da Ameliazinha, e veriam, sob a sua capa de santidade, começar a revoltar-se-lhe o desejo! Tudo se ilude e se evita, menos o amor! E, se ele é fatal, por que impediram então que o padre o sinta, o realize com pureza e com dignidade? É melhor talvez que o vá procurar pelas vielas obscenas[10]! Porque a carne é fraca!

---

1 Voluptuosidade: **sensualidade**.
2 Finório: **esperto, observador**.
3 Amaro tinha sido encaminhado à carreira religiosa por uma decisão da marquesa de Alegros e não por ter realmente vocação.
4 Não abdicara: **não tinha rejeitado**.
5 *Accedo* (em latim): **aceito**.
6 Formidável: **tremenda**.
7 Decrépitos: **caducos, sem forças**.
8 Eunucos: **homens castrados que, em alguns países, tomavam conta das mulheres que viviam no harém de reis, sultões, príncipes etc.**
9 Para ao pé de: **para junto de**.
10 Vielas obscenas: **isto é, pelas vielas ou ruas onde há prostitutas**.

A carne! Punha-se então a pensar nos três inimigos da alma — Mundo, Diabo e Carne. E apareciam à sua imaginação em três figuras vivas: uma mulher muito formosa; uma figura negra de olho de brasa e pé de cabra; e o mundo, coisa vaga e maravilhosa (riquezas, cavalos, palacetes) de que lhe parecia uma personificação suficiente o senhor conde de Ribamar! Mas que mal tinham eles feito à sua alma? O Diabo nunca o vira; a mulher formosa amava-o e era a única consolação da sua existência; e do mundo, do senhor conde, só recebera proteção, benevolência, tocantes apertos de mão... E como poderia ele evitar as influências da Carne e do Mundo? A não ser que fugisse, como os santos doutrora, para os areais do deserto e para a companhia das feras! Mas não lhe diziam os seus mestres no seminário que ele pertencia a uma Igreja militante[1]? O ascetismo era culpado, sendo a deserção de um serviço santo[2]. Não compreendia, não compreendia!

(Trecho do cap. 9, p. 154-156)

1. Em que sentido o amor de Amélia compensa o sentimento de marginalidade do padre Amaro?
2. Por que os desejos carnais de Amaro levam-no a considerar o problema da vocação religiosa?
3. Quais características do Naturalismo estão presentes no texto?

---

1 Igreja militante: **Igreja que participa ativamente da vida das pessoas.**
2 O ascetismo é o modo de viver daqueles que se isolam da sociedade e desprezam qualquer tipo de prazer físico. Para Amaro, quem pratica o ascetismo, na verdade, foge da verdadeira missão evangelizadora, pois evita o contato com outras pessoas; por isso, seriam uma espécie de desertores.

Texto 7

Enciumado por perceber que Amélia se sente atraída pelo padre Amaro e incomodado pela grande influência dos padres na vida da família, João Eduardo teme perder sua noiva. Atormentado, publica anonimamente no jornal A Voz do Distrito um Comunicado, em que adverte as famílias contra a presença perigosa de padres sedutores em suas casas, acusando-os ainda de imorais e corruptores. Esse Comunicado choca os padres e todos se movimentam para tentar descobrir quem foi o autor dessas ofensas.

[Vingança]

O padre Natário fechou a porta, e atirando os braços para o ar:
— Grande novidade, é o escrevente!
— Que escrevente?
— O João Eduardo! É ele! É o *liberal*! Foi ele que escreveu o *Comunicado*!
— Que me diz você!? — fez Amaro atônito.
— Tenho provas, meu amigo! Vi o original, escrito pela letra dele. O que se chama *ver*! Cinco tiras de papel!

Amaro, com os olhos esgazeados[1], fitava Natário.
— Custou! — exclamou Natário. — Custou, mas soube-se tudo! Cinco tiras de papel! E quer escrever outro! O senhor João Eduardo! O nosso rico amigo senhor João Eduardo!
— Você está certo disso?
— Se estou certo!... Estou a dizer-lhe que vi, homem!
— E como soube você, Natário?

Natário dobrou-se; e, com a cabeça enterrada nos ombros, arrastando as palavras:
— Ah, colega, lá isso... Os *comos* e os *porquês*... Você compreende... *Sigilus magnus*[2]!

---

1 Esgazeados: **arregalados de espanto.**
2 *Sigilus magnus* **(em latim): grande sigilo. Considerando-se o que já vimos sobre o "uso" que muitos padres faziam da confissão (cf. texto 4), o que fica insinuado nessa resposta do padre Natário?**

E, com uma voz aguda de triunfo, a largos passos pela sacristia:

— Mas ainda isto não é nada! O senhor Eduardo que nós víamos ali na casa da S. Joaneira, tão bom mocinho, é um patife antigo. É o íntimo do Agostinho, o bandido da *Voz do Distrito*. Está metido na redação até altas horas da noite. Uma orgia, vinhaça, mulheres... E gaba-se de ser ateu... Há seis anos que se não confessa... Chama-nos a "canalha canônica"... republicano... Uma fera, meu caro senhor, uma fera[1]!

Amaro, escutando Natário, arrumava atarantadamente[2], com as mãos trêmulas, papéis no gavetão da escrivaninha.

— E agora?... — perguntou.

— Agora? — exclamou Natário. — Agora é esmagá-lo!

Amaro fechou o gavetão, e muito nervoso, passando o lenço pelos lábios secos:

— Uma assim, uma assim! E a pobre rapariga, coitada... Casar agora com um homem desses... Um perdido!

Os dois padres, então, olharam-se fixamente. No silêncio, o velho relógio da sacristia punha o seu tique-taque plangente. Natário tirou da algibeira dos calções[3] a caixa de rapé, e com os olhos ainda fixos em Amaro, a pitada dos dedos, disse sorrindo friamente:

— Desmanchar-lhe o casamentozinho, hem?

— Você acha? — perguntou sofregamente[4] Amaro.

— Caro colega, é uma questão de consciência... Para mim era uma questão de dever! Não se pode deixar casar a pobre pequena com um brejeiro[5], um pedreiro-livre[6], um ateu...

— Com efeito! Com efeito! — murmurava Amaro.

— Vem a calhar, hem? — fez Natário; e sorveu com gozo a pitada.

Mas o sacristão entrou; eram as horas de fechar a igreja; vinha perguntar se suas senhorias se demoravam.

— Um instante, senhor Domingos.

E, enquanto o sacristão corria os pesados ferrolhos da porta interior do pátio, os dois padres muito chegados falavam baixo.

---

1 Essas afirmações são mentirosas, pois não havia nenhuma evidência dessas imoralidades envolvendo o pessoal do jornal.
2 Atarantadamente: de forma confusa, atabalhoada.
3 Da algibeira dos calções: do bolso das calças.
4 Sofregamente: ansiosamente.
5 Brejeiro: imoral.
6 Pedreiro-livre: maçom, aquele que pertence à maçonaria, associação de pessoas que no século XIX defendiam ideias republicanas e uma visão racionalista do mundo. A Igreja via os maçons como inimigos. Observe que o padre vai fazendo acusações sem nenhuma prova ou evidência, é pura calúnia.

— Você vai ter com a S. Joaneira — dizia Natário. — Não, escute, é melhor que lhe fale o Dias; o Dias é que deve falar à S. Joaneira. Vamos pelo seguro. Você fale à pequena e diga-lhe simplesmente que o ponha fora de casa! — E ao ouvido de Amaro: — Diga à rapariga que ele vive aí de casa e pucarinho[1] com uma desavergonhada!

— Homem! — disse Amaro recuando — não sei se isso é verdade!

— Há de ser. Ele é capaz de tudo. E depois é um meio de levar a pequena[2].

E foram descendo a igreja atrás do sacristão, que fazia tilintar o seu molho de chaves, pigarreando grosso. [...]

O padre Natário então parou; e tomando o braço de Amaro com satisfação:

— E depois, meu caro amigo, tenho outra preparada ao cavalheiro...

— O quê?

— Cortar-lhe os víveres!

— Cortar-lhe os víveres!?

— O pateta estava para ser empregado no Governo Civil, primeiro amanuense, hem? Pois vou-lhe desmanchar o arranjinho!... E o Nunes Ferral que é dos meus, homem de boas ideias, vai pô-lo fora do cartório... E que escreva então *Comunicados*!

Amaro teve horror àquela intriga rancorosa:

— Deus me perdoe, Natário, mas isso é perder o rapaz...

— Enquanto o não vir por essas ruas a pedir um bocado de pão, não o largo, padre Amaro, não o largo!

— Oh, Natário! oh, colega! isso é de pouca caridade... Isso não é de cristão... E então aqui que Deus está a ouvi-lo...

— Não lhe dê isso cuidado, meu caro amigo... Deus serve-se assim, não é a resmungar padre-nossos. Para ímpios não há caridade! a Inquisição atacava-os pelo fogo, não me parece mau atacá-los pela fome. Tudo é permitido a quem serve uma causa santa... Que se não metesse comigo!

(Trecho do cap. 11, p. 204-207)

1. Quais são os planos de Natário para se vingar de João Eduardo?
2. Confrontando-se a denúncia expressa no *Comunicado* com o episódio do texto 4, o que podemos concluir?
3. Como se manifesta, neste texto, a crítica aos membros do clero?

---

1 Pucarinho: diminutivo de púcaro, que significa vaso pequeno com asa. A expressão "viver de casa e pucarinho" significa "viver como casado".
2 Como se vê, o padre não hesita em dizer muitas mentiras sobre o rapaz para conseguir sua vingança.

Texto 8

Amélia rompeu o noivado com João Eduardo quando se descobriu que ele era o autor do Comunicado contra os padres. Ele perdeu o emprego, ficou revoltado com as ofensas que recebeu e, transtornado, certo dia ataca o padre Amaro na rua, desferindo-lhe um soco, mas sem feri-lo gravemente. Isso foi a gota d'água para que ele fosse completamente injuriado por todos.

[A fúria santa das beatas]

— Então as senhoras deixam andar por aqui semelhante livro?

Todos se voltaram, na surpresa que dava aquela indignação, a olhar o largo volume encadernado que Natário indicava com a ponta do guarda-chuva, como um objeto abominável! Dona Maria da Assunção aproximou-se logo de olho reluzente, imaginando que seria alguma dessas novelas, tão famosas, em que se passam coisas imorais. E Amélia chegando-se também, disse, admirada de tal reprovação:

— Mas é o *Panorama*[1]... É um volume do *Panorama*...

---

1 *Panorama*: revista de conteúdo enciclopédico, literário e instrutivo, de periodicidade semanal. Foi lançada em Lisboa em 1837 e durou até 1868. Foi um importante órgão de divulgação das ideias do Romantismo.

— Que é o *Panorama* vejo eu — disse Natário, com secura. — Mas também vejo isto. — Abriu o volume na primeira página branca, e leu alto: *Pertence-me este volume a mim, João Eduardo Barbosa, e serve-me de recreio nos meus ócios*. Não compreendem, hem? Pois é muito simples... Parece incrível que as senhoras não saibam que esse homem, desde que pôs as mãos num sacerdote, está *ipso facto*[1] excomungado[2], e excomungados todos os objetos que lhe pertencem!

Todas as senhoras, instintivamente, afastaram-se do aparador onde jazia aberto o *Panorama* fatal, arrebanhando-se[3], num arrepiamento de medo, àquela ideia da excomunhão que se lhes representava, com um desabamento de catástrofes, um aguaceiro de raios despedidos das mãos do Deus Vingador; e ali ficaram mudas, num semicírculo apavorado, em torno de Natário, que, de capotão pelos ombros e braços cruzados, gozava o efeito da sua revelação.

Então a S. Joaneira, no seu assombro, arriscou-se a perguntar:

— O senhor padre Natário está a falar sério?

Natário indignou-se:

— Se estou a falar sério!? Essa é forte! Pois eu havia de gracejar sobre um caso de excomunhão, minha senhora? Pergunte aí ao senhor cônego se eu estou a gracejar!

Todos os olhos se voltaram para o cônego, essa inesgotável fonte de saber eclesiástico.

Ele então, tomando logo o ar pedagógico que lhe voltava dos seus antigos hábitos do seminário sempre que se tratava de doutrina, declarou que o colega Natário tinha razão. Quem espanca um sacerdote, sabendo que é um sacerdote, está *ipso facto* excomungado. É doutrina assente[4]. É o que se chama a excomunhão latente; não necessita a declaração do pontífice[5] ou do bispo, nem o cerimonial, para ser válida, e para que todos os fiéis considerem o ofensor como excomungado. Devem-no tratar portanto como tal... Evitá-lo a ele, e ao que lhe pertence... E esse caso de pôr mãos sacrílegas num sacerdote era tão especial, continuava o cônego num tom profundo, que a bula[6] do papa Martinho V, limitando os casos de excomunhão tácita, conserva-a todavia para o que maltrata um sacerdote... Citou ainda mais bulas, as constituições de Inocêncio IX e de Alexandre VII, a Constituição Apostólica, outras legislações temerosas; rosnou latins, aterrou as senhoras.

---

1 *Ipso facto* (em latim): **por consequência.**
2 Excomungado: **excluído da comunidade católica.**
3 Arrebanhando-se: **juntando-se.**
4 Assente: **sólida, incontestável.**
5 Pontífice: **papa.**
6 Bula: **documento oficial expedido pelo papa.**

— Essa é a doutrina — concluiu dizendo —, mas a mim parece-me melhor não se fazer disso espalhafato...

Dona Josefa Dias acudiu logo:

— Mas nós é que não podemos arriscar a nossa alma a encontrar aqui por cima das mesas coisas excomungadas.

— É destruir! — exclamou dona Maria da Assunção. — É queimar! É queimar!

Dona Joaquina Gansoso arrastara Amélia para o vão da janela, perguntando-lhe se tinha outros objetos pertencentes ao homem. Amélia, atarantada[1], confessou que tinha algures[2], não sabia onde, um lenço, uma luva desirmanada[3] e uma cigarreira de palhinha.

— É para o fogo, é para o fogo! — gritava a Gansoso excitada.

A sala vibrava agora com a gralhada[4] das senhoras, arrebatadas num furor santo. Dona Josefa Dias, dona Maria da Assunção falavam com gozo de *fogo*, enchendo a boca com a palavra, numa delícia inquisitorial de exterminação devota.

(Trecho do cap. 14, p. 282-284)

1. O episódio narrado evidencia um dos temas principais do romance. Qual?
2. Pode-se dizer que esse texto tem características satíricas? Por quê?

---

1   Atarantada: meio confusa.
2   Algures: em algum lugar.
3   Desirmanada: desemparelhada, sem par.
4   Gralhada: vozerio, gritaria.

Texto 9

Para poder encontrar-se a sós com Amélia, o padre Amaro conseguiu que o tio Esguelhas, o sineiro da igreja, liberasse um quartinho nos fundos de sua casa, ao lado da sacristia. Amaro inventou que estava doutrinando Amélia para ser freira, por isso, pediu que o homem não contasse nada a ninguém, pois era segredo. E, para fazer com que a mãe de Amélia permitisse que ela saísse, usou a desculpa de que ela iria ensinar a filha paralítica do tio Esguelhas a ler. Era uma menina de quinze anos com problemas psíquicos chamada Antónia, apelidada de Totó. Mal falava e tinha um comportamento tão estranho que muitos achavam que ela deveria estar "possuída pelo demônio". Do quarto da doente, Amélia passava ao quartinho onde se encontrava com Amaro, que entrava por outra porta, de modo que nunca ninguém os via chegar ou sair juntos.

[Encontros de amor]

Amélia sentava-se um instante aos pés do catre[1], perguntando-lhe se estudara o ABC, obrigando-a a dizer aqui e além o nome de uma letra. Depois queria que ela repetisse sem a errar a oração que lhe andava ensinando, enquanto o padre, sem passar da porta, esperava, com as mãos nos bolsos, enfastiado, embaraçado com os olhos reluzentes da paralítica que o não deixavam, penetrando-o, percorrendo-lhe o corpo com pasmo e com ardor, e que pareciam maiores e mais brilhantes no seu rosto trigueiro tão chupado que se lhe via a saliência das maxilas. Não sentia agora nem compaixão nem caridade pela Totó; detestava aquela demora; achava a rapariga selvagem e embirrenta. À Amélia também pesavam aqueles

---
1   Catre: **cama tosca e pobre.**

momentos em que, para não escandalizar muito Nosso Senhor, se resignava a falar à paralítica. A Totó parecia odiá-la; respondia-lhe muito carrancuda; outras vezes persistia num silêncio rancoroso, voltada para a parede; um dia despedaçara o alfabeto; e encolhia-se toda encruada[1] se Amélia lhe queria compor o xale sobre os ombros ou conchegar-lhe a roupa...

Enfim Amaro, impaciente, fazia um sinal a Amélia; ela punha logo diante da Totó o livro com estampas da *Vida dos santos*.

— Vá, ficas agora a ver as figuras... Olha, este é São Mateus, esta Santa Virgínia... Adeus, eu vou lá cima com o senhor pároco rezarmos para que Deus te dê saúde e te deixe ir passear... Não estragues o livro, que é pecado.

E subiam a escada, enquanto a paralítica, estendendo o pescoço sofregamente[2], os seguia, escutando o ranger dos degraus, com os olhos chamejantes que lágrimas de raiva enevoavam[3]. O quarto, em cima, era muito baixo, sem forro, com um teto de vigas negras sobre que assentavam as telhas. Ao lado da cama pendia a candeia[4] que pusera sobre a parede um penacho negro do fumo. E Amaro ria sempre dos preparativos que fizera o tio Esguelhas — a mesa ao canto com o Novo Testamento, uma caneca de água, e duas cadeiras dispostas ao lado...

— É pra nossa conferência, para te ensinar os deveres de freira — dizia ele, galhofando.

— Ensina, então! — murmurava ela de braços abertos, pondo-se diante do padre, com um sorriso cálido onde brilhava um branquinho dos dentes, num abandono que se oferecia.

(Trecho do cap. 16, p. 323-324)

> 1. Que aspectos do caráter de Amaro são revelados nesse texto?
> 2. Por que Amélia ainda se detinha um pouco a conversar com Totó, mesmo sabendo que a menina a detestava?

---

1 Encruada: **dura, rígida.**
2 Sofregamente: **ansiosamente.**
3 Enevoavam: **embaçavam, isto é, as lágrimas de raiva embaçavam os olhos chamejantes, pois ela entendia o que estava acontecendo entre Amélia e Amaro.**
4 Candeia: **espécie de lamparina de óleo ou cera que se pendura à parede.**

Texto 10

Certa vez, o cônego Dias, conversando com Totó, descobriu que Amélia se encontrava secretamente com Amaro no quartinho de cima. Ele então, furioso, foi procurar Amaro.

[Uma infâmia e um acordo]

O aspecto descomposto do cônego assombrou-o.
— Que é isso, padre-mestre?
— O que é? — exclamou o cônego de golpe — é a maroteira das maroteiras[1]! É a sua infâmia! É a sua infâmia!...
E emudeceu, sufocado de cólera.
Amaro, que se fizera muito pálido, balbuciou:
— Que está você a dizer, padre-mestre?
O cônego tomara fôlego:
— Não há padre-mestre! O senhor desencaminhou a rapariga! Isso é que é uma canalhice mestra!
O padre Amaro, então, franziu a testa como descontente de um gracejo:
— Que rapariga!? O senhor está a brincar...
Sorriu mesmo, afetando segurança; e os seus beiços brancos tremiam.
— Homem, eu vi! — berrou o cônego.
O pároco, subitamente aterrado, recuou:
— Viu!?
Imaginara num relance uma traição; o cônego escondido num recanto da casa do tio Esguelhas...
— Não vi, mas é como se visse! — continuou o cônego num tom tremendo. — Sei tudo. Venho de lá. Disse-mo[2] Totó. Fecham-se no quarto horas e horas! Até se ouve embaixo ranger a cama! É uma ignomínia[3]!

---

1 Maroteira: malandragem.
2 Disse-mo: essa forma verbal equivale a "disse-me isso". A forma *mo* é a junção dos pronomes *me* + *o*. É um uso tipicamente lusitano e pode ocorrer com outros pronomes, como *lho* (lhe + o), *ta* (te + a) etc.
3 Ignomínia: infâmia, afronta.

O pároco, vendo-se pilhado¹, teve, como um animal acossado e entalado a um canto, uma resistência de desespero.

— Diga-me uma coisa. O que é que o senhor tem com isso?

O cônego pulou.

— O que tenho!? O que tenho!? Pois o senhor ainda me fala nesse tom!? O que tenho é que vou daqui imediatamente dar parte de tudo ao senhor vigário-geral!

O padre Amaro, lívido², foi para ele com o punho fechado:

— Ah, seu maroto!

— Que é lá? Que é lá? — exclamou o cônego de guarda-sol erguido. — Você quer-me pôr as mãos?

O padre Amaro conteve-se; passou a mão sobre a testa em suor, com os olhos cerrados; e depois de um momento, falando com uma serenidade forçada:

— Ouça lá, senhor cônego Dias. Olhe que eu vi-o ao senhor uma vez na cama com a S. Joaneira...

— Mente! — mugiu o cônego.

— Vi, vi, vi! — afirmou o outro com furor. — Uma noite ao entrar em casa... O senhor estava em mangas de camisa, ela tinha-se erguido, estava a apertar o colete. Até o senhor me perguntou: "Quem está aí?" Vi, como estou a vê-lo agora. O senhor a dizer uma palavra, e eu a provar-lhe que o senhor vive há dez anos amigado com a S. Joaneira, à face de todo o clero! Ora aí tem!

O cônego, já antes esfalfado³ dos excessos do seu furor, ficou agora, àquelas palavras, como um boi atordoado. Só pôde dizer daí a pouco, muito murcho:

— Que traste você me sai!

O padre Amaro então, quase tranquilo, certo do silêncio do cônego, disse com bonomia⁴:

— Traste por quê? Diga-me lá! Traste por quê? Temos ambos culpas no cartório, eis aí está. E olhe que eu não fui perguntar, nem peitar⁵ a Totó... Foi muito naturalmente ao entrar em casa. E, se me vem agora com coisas de moral, isso faz-me rir. A moral é para a escola e para o sermão. Cá na vida eu faço isto, o senhor faz aquilo, os outros fazem o que podem. O padre-mestre que já tem idade agarra-se à velha, eu que sou novo arranjo-me com a pequena. É triste, mas que quer? É a natureza que manda. Somos homens. E como sacerdotes, para honra da classe, o que temos é fazer costas⁶!

---

1   **Pilhado: surpreendido.**
2   **Lívido: muito pálido.**
3   **Esfalfado: esgotado.**
4   **Bonomia: naturalidade.**
5   **Peitar: subornar.**
6   **Fazer costas: ficar unidos para se defender.**

O cônego escutava-o, bamboleando a cabeça, na aceitação muda daquelas verdades. Tinha-se deixado cair numa cadeira, a descansar de tanta cólera inútil; e erguendo os olhos para Amaro:

— Mas você, homem, no começo da carreira!
— E você, padre-mestre, no fim da carreira!

Então riram ambos. Imediatamente cada um declarou retirar as palavras ofensivas que tinham dito; e apertaram-se gravemente a mão. Depois conversaram.

O cônego, o que o tinha enfurecido era ser lá com a pequena da casa. Se fosse com outra... até estimai! Mas a Ameliazinha!... Se a pobre mãe viesse a saber, estourava de desgosto.

— Mas a mãe escusa de saber! — exclamou Amaro. — Isso é entre nós, padre-mestre! Isso é segredo de morte! Nem a mãe sabe de nada, nem eu mesmo digo à pequena o que se passou hoje entre nós. As coisas ficam como estavam, e o mundo continua a rolar... Mas você, padre-mestre, tenha cuidado!... Nem uma palavra à S. Joaneira... Que não haja agora traição!

O cônego, com a mão sobre o peito, deu gravemente a sua palavra de honra de cavalheiro e de sacerdote que aquele segredo ficava para sempre sepultado no seu coração.

Então apertaram ainda uma outra vez afetuosamente a mão. Mas a torre gemeu as três badaladas. Era a hora de jantar do cônego. E ao sair, batendo nas costas de Amaro, fazendo luzir um olho de entendedor:

— Pois seu velhaco, tem dedo[1]!
— Que quer você? Que diabo... Começa-se por brincadeira...
— Homem! — disse o cônego sentenciosamente[2] — é o que a gente leva de melhor deste mundo.
— É verdade, padre-mestre, é verdade! É o que a gente leva de melhor deste mundo.

(Trecho do cap. 18, p. 346-349)

1. Que explicação tipicamente naturalista o padre Amaro apresenta para justificar não só o seu comportamento com relação à Amélia, mas também o do próprio cônego Dias com relação à mãe dela?
2. Que contradição evidencia-se no texto entre a missão que se espera de um religioso e os comportamentos do padre Amaro e do cônego Dias?

---

1 Tem dedo: **sabe escolher.**
2 Sentenciosamente: **que fala dando peso às palavras, como se dissesse uma verdade incontestável.**

Texto 11

 Depois de algum tempo, Amélia fica grávida e Amaro apavora-se com a perspectiva de um escândalo. Sem saber o que fazer, ele e o cônego Dias pensam em casá-la com o ex-noivo, João Eduardo. Amélia de início recusa violentamente essa ideia, mas depois, diante da falta de opção e com medo das consequências da gravidez, acaba aceitando. No entanto, João Eduardo sumiu da cidade e não é possível encontrá-lo. Então, Amaro e o cônego bolam um plano. Decidem que Amélia deve passar os meses finais da gravidez e o parto num sítio distante da cidade, acompanhada por dona Josefa, irmã do cônego. Enquanto isso, S. Joaneira e o cônego Dias vão para sua temporada de verão na praia, na cidade de Vieira. Seria o tempo necessário para Amélia dar à luz e decidir-se o destino da criança. Para dona Josefa, eles inventaram uma história de que Amélia tinha sido seduzida por um homem casado e estava pensando em se matar; por isso, seria uma atitude cristã por parte dela ajudar a resolver esse problema. Embora muito a contragosto, dona Josefa acabou aceitando e partiu com Amélia. Como ela era uma velha beata e, no sítio, não podia contar com os padres da cidade, concordou em receber a visita do velho abade Ferrão, com quem poderia se confessar. Ferrão vivia no interior, em contato com pessoas simples do campo, e não estava acostumado a confessar beatas da cidade.

[Tentações diabólicas]

Não se tinham realmente compreendido. O bom Ferrão, tendo vivido tantos anos naquela paróquia de quinhentas almas, as quais caíam todas, de mães e filhas, no mesmo molde de devoção simples a Nosso Senhor, Nossa Senhora e São Vicente, patrono da freguesia, tendo pouca experiência de confissão, encontrava-se, subitamente, diante de uma alma complicada de devota de cidade, de um beatério caturra[1] e atormentado; e, ao ouvir aquela extraordinária lista de pecados mortais, murmurava espantado:

— É estranho, é estranho...

Percebera bem a princípio que tinha diante de si uma dessas degenerações mórbidas[2] do sentimento religioso, que a teologia chama *doença dos escrúpulos* — e de que na sua generalidade estão afetadas hoje todas as almas católicas; mas depois, a certas revelações da velha, receou estar realmente em presença de uma maníaca perigosa; e instintivamente, com o singular horror que os sacerdotes têm pelos doidos, recuou a cadeira.

Pobre dona Josefa! Logo na primeira noite em que chegara à Ricoça (contava ela), ao começar o rosário a Nossa Senhora, lembra-lhe de repente que lhe esquecera o saiote de flanela escarlate[3], que era tão eficaz nas dores das pernas... Trinta e oito vezes de seguida recomeçara o rosário, e sempre o saiote escarlate se interpunha entre ela e Nossa Senhora!... Então desistira, de exausta, de esfalfada[4]. E imediatamente sentira dores vivas nas pernas, e tivera como uma voz de dentro a dizer-lhe que era Nossa Senhora por vingança a espetar-lhe alfinetes nas pernas...

O abade pulou:

---

1 Beatério caturra: **grupo de beatas apegadas a ideias ultrapassadas.**
2 Degenerações mórbidas: **corrupções doentias.**
3 Escarlate: **vermelho.**
4 Esfalfada: **fatigada.**

— Oh, minha senhora!

— Ai, não é tudo, senhor abade!

Havia outro pecado que a torturava: quando rezava, às vezes, sentia vir expectoração; e, tendo ainda o nome de Deus ou da Virgem na boca, tinha de escarrar; ultimamente engolia o escarro, mas estivera pensando que o nome de Deus ou da Virgem lhe descia de embrulhada para o estômago e se ia misturar com as fezes! Que havia de fazer?

O abade, de olhar esgazeado[1], limpava o suor da testa.

Mas isso não era o pior: o grave era que, na noite antecedente, estava toda sossegada, toda em virtude, a rezar a São Francisco Xavier, e de repente, nem ela soube como, põe-se a pensar como seria São Francisco Xavier nu, em pelo!

O bom Ferrão não se moveu, atordoado. Enfim, vendo-a olhar ansiosa para ele, à espera das suas palavras e dos seus conselhos, disse:

— E há muito que sente esses terrores, essas dúvidas...?

— Sempre, senhor abade, sempre!

— E tem convivido com pessoas que, como a senhora, são sujeitas a essas inquietações?

— Todas as pessoas que conheço, dúzias de amigas, todo mundo... O Inimigo[2] não me escolheu só a mim... A todos se atira...

— E que remédio dava a essas ansiedades da alma...?

— Ai, senhor abade, aqueles santos da cidade, o senhor pároco, o senhor Silvério, o senhor Guedes, todos, todos nos tiravam sempre de embaraços... E com uma habilidade, com uma virtude...

O abade Ferrão ficou calado um momento; sentia-se triste, pensando que por todo o reino tantos centenares de sacerdotes trazem assim voluntariamente o rebanho naquelas trevas da alma, mantendo o mundo dos fiéis num terror abjeto[3] do Céu, representando Deus e os seus santos como uma corte que não é menos corrompida, nem melhor, que a de Calígula[4] e dos seus libertos.

Quis então levar àquele noturno cérebro de devota, povoado de fantasmagorias, uma luz mais alta e mais larga. Disse-lhe que todas as suas inquietações vinham da imaginação torturada pelo terror de ofender a Deus... Que o Senhor não era um amo feroz e furioso, mas um pai indulgente e amigo... Que é por amor que

---

1 Esgazeado: **arregalado de espanto.**
2 O Inimigo: **o diabo.**
3 Abjeto: **infame, degradante.**
4 Calígula (12-41 d.C.): **imperador romano famoso por sua devassidão e crueldade.**

é necessário servi-lo, não por medo... Que todos esses escrúpulos, Nossa Senhora a enterrar alfinetes, o nome de Deus a cair no estômago, eram perturbações da razão doente. Aconselhou-lhe confiança em Deus, bom regime para ganhar forças. Que não se cansasse em orações exageradas...

— E quando eu voltar — disse enfim erguendo-se e despedindo-se —, continuaremos a conversar sobre isso, e havemos de serenar essa alma.

— Obrigada, senhor abade — respondeu a velha secamente.

E, apenas a Gertrudes daí a pouco entrou trazendo-lhe a botija[1] para os pés, dona Josefa exclamou, toda indignada, quase choramingando:

— Ai, não presta pra nada, não presta pra nada!... Não me percebeu[2]. É um tapado... É um pedreiro-livre[3], Gertrudes! Que vergonha num sacerdote do Senhor...

(Trecho do cap. 21, p. 397-399)

1. Com base no comportamento religioso de dona Josefa, como se evidencia o contraste entre o abade Ferrão e os padres da cidade quanto à orientação espiritual dada aos fiéis?
2. Pode-se dizer que a figura do abade Ferrão ameniza as críticas feitas ao clero em geral ao longo do romance? Por quê?

---

1   Botija: recipiente com água quente.
2   Não me percebeu: não me entendeu.
3   Pedreiro-livre: maçom, aquele que pertence à maçonaria, associação de pessoas que no século XIX defendiam ideias republicanas e uma visão racionalista do mundo. A Igreja via os maçons como inimigos.

Texto 12

Amélia dá à luz um menino, que logo é levado ao padre Amaro, que o entrega a uma ama de leite. Mas a criança morre. Amélia, por sua vez, começa a ter convulsões e seu estado de saúde se agrava. O doutor Gouveia faz o possível, mas não consegue salvá-la. O abade Ferrão, que acompanhou todo o drama da moça, ministra os últimos sacramentos a Amélia.

[Agonia e morte]

O medonho relógio, com a sua coruja pensativa, bateu as duas horas, depois as três... O abade, agora, cedia a espaços[1] a uma fadiga de velho, cerrando um momento as pálpebras. Mas resistia bruscamente; ia respirar o ar pesado da noite, olhar aquela treva de toda a aldeia; e voltava a sentar-se, a murmurar, com a cabeça baixa, as mãos postas sobre o Breviário[2]:

— Senhor, volta os teus olhos misericordiosos para aquele leito de agonia...

Foi então Gertrudes que apareceu comovida. O senhor doutor mandara-a abaixo acordar o moço para pôr a égua ao cabriolé[3].

— Ai, senhor abade, pobre criaturinha! Ia tão bem, e de repente isso... Que foi por lhe tirarem o filho... Eu não sei quem é o pai, mas o que sei é que nisso tudo anda um pecado e um crime!...

---

1 **A espaços:** de vez em quando.
2 **Breviário:** livro que contém as orações, salmos etc. que os sacerdotes católicos devem rezar todos os dias.
3 **Cabriolé:** carruagem leve de duas rodas, puxada por um cavalo ou égua.

O abade não respondeu, orando baixo pelo padre Amaro.

O doutor então entrou com o seu estojo na mão:

— Se quiser, abade, pode ir — disse.

Mas o abade não se apressava, olhando o doutor, com uma pergunta a bailar-lhe nos lábios entreabertos, e retendo-a por timidez; enfim, não se conteve, e num tom de medo:

— Fez-se tudo, não há remédio, doutor?

— Não.

— É que nós, doutor, não devemos aproximar-nos de uma mulher em parto ilegítimo senão num caso extremo...

— Está num caso extremo, senhor abade — disse o doutor, vestindo já o seu grande casacão.

O abade então recolheu o Breviário, a cruz — mas antes de sair, julgando do seu dever de sacerdote pôr diante do médico racionalista a certeza da eternidade mística que se desprende do momento da morte, murmurou ainda:

— É nesse instante que se sente o terror de Deus, o vão do orgulho humano...

O doutor não respondeu, ocupado a afivelar o seu estojo.

O abade saiu, mas, já no meio do corredor, voltou ainda, e falando com inquietação:

— O doutor desculpe... Mas tem-se visto, depois dos socorros da religião, os moribundos voltarem a si de repente, por uma graça especial... A presença do médico então pode ser útil...

— Eu ainda não vou, ainda não vou — disse o doutor, sorrindo involuntariamente de ver a presença da medicina reclamada para auxiliar a eficácia da Graça[1].

Desceu, a ver se estava pronto o cabriolé.

Quando voltou ao quarto de Amélia, a Dionísia e a Gertrudes, de rojos[2] ao lado da cama, rezavam. O leito, todo o quarto estava revolvido como um campo de batalha. As duas velas consumidas, extinguiam-se. Amélia estava imóvel, com os braços hirtos[3], as mãos crispadas[4] de uma cor de púrpura escura — e a mesma cor mais arroxeada cobria-lhe a face rígida.

E debruçado sobre ela, com o crucifixo na mão, o abade dizia ainda, numa voz de angústia:

---

1 **Graça: milagre.** O médico acha curioso o abade comentar que, se uma intervenção divina salvasse Amélia, ela ainda poderia precisar de socorros médicos, como se o milagre por si só não bastasse para garantir-lhe a vida.
2 **De rojos: no chão.**
3 **Hirtos: duros.**
4 **Crispadas: contraídas.**

— *Jesu, Jesu, Jesu!* Lembra-te da Graça de Deus! Tem fé na misericórdia divina! Arrepende-te no seio do Senhor! *Jesu, Jesu, Jesu*[1]*!*

Por fim, sentindo-a morta, ajoelhou, murmurando o *Miserere*[2]. O doutor que ficara à porta retirou-se devagarinho, atravessou em bicos de pés o corredor, e desceu à rua, onde o moço segurava a égua atrelada.

(Trecho do cap. 23, p. 456-458)

1. "O abade não respondeu, orando baixo pelo padre Amaro". Quais características da personalidade cristã do abade Ferrão se revelam nessa passagem?
2. Gertrudes não sabia que Amaro era o pai da criança nem que ele era o responsável pelo sumiço do bebê. Mas diz o seguinte, quando percebe que Amélia está morrendo: "Eu não sei quem é o pai, mas o que sei é que nisso tudo anda um pecado e um crime!...".
a) Qual seria o pecado?
b) Qual seria o crime?

---

1 *Jesu*: o abade usa nesse momento a forma latina do nome de Jesus.
2 *Miserere*: oração para o perdão dos pecados dirigida a Deus que, em latim, começa com *miserere mei*, isto é, tenha piedade de mim.

O PRIMO BASÍLIO

Publicado em 1878, o enredo do romance *O primo Basílio* se desenvolve em torno de Jorge e Luísa, um casal burguês de Lisboa. Ele é engenheiro de minas; ela, uma jovem esposa sonhadora, mimada, que vive uma vida fútil, mergulhada na literatura romântica. Os amigos do casal compõem um grupo de diferentes tipos humanos: o conselheiro Acácio, exemplo do homem convencional, de fala rebuscada e sem nenhum pensamento original; D. Felicidade, uma beata solteirona que nutre uma paixão secreta pelo conselheiro; Julião, médico pobre, sempre em busca de melhores condições de vida e trabalho; Ernestinho, primo de Jorge, funcionário público que, nas horas vagas, dedica-se ao teatro: é um jovem afetado, sempre ansioso e apressado com seus textos e ensaios; Sebastião, fiel amigo de infância de Jorge, que guarda um amor delicado e secreto por Luísa.

Dentro da casa, trabalham duas empregadas: Joana, a cozinheira, e Juliana, a arrumadeira: esta era uma mulher viúva, madura, sofrida, com um ódio profundo aos patrões em geral, invejosa dos bens que ela não conseguira ter na vida. É uma personagem muito forte, uma das melhores criações de Eça de Queirós. Luísa tinha ainda uma amiga chamada Leopoldina, uma mulher muito bonita, de vida independente, mas que só podia visitar às escondidas de Jorge, porque ele a considerava má companhia para a esposa.

Jorge vai viajar por algumas semanas e Luísa fica só em Lisboa. Recebe a visita inesperada de seu primo Basílio, que fora seu namorado por algum tempo, quando ela tinha dezoito anos. Luísa o amava, fazia planos de casar-se e ficou desolada quando ele rompeu o namoro e partiu para o Brasil para tentar melhorar de vida. O tempo passou, eles não se viram mais e Luísa casou-se com Jorge. Quando Basílio a visita em Lisboa, eles reatam a antiga intimidade e tornam-se amantes. Luísa fica seduzida por seus modos de homem viajado, elegante e moderno, que vivia em Paris e conhecia muitos outros países. Ele, no fundo, quer apenas passar o tempo na sonolenta Lisboa. Enquanto Luísa fantasia seus amores com Basílio, ele se preocupa apenas em arranjar um quartinho nos arrabaldes para seus encontros amorosos. Começam a se ver tão frequentemente que a vizinhança percebe o que está acontecendo. Luísa comete a imprudência de escrever cartas a Basílio e, sem se dar conta, joga no lixo alguns rascunhos de suas declarações de amor. Juliana, que vivia a espreitá-la, recolhe esses papéis e guarda-os. Depois, também consegue pegar duas cartas de Basílio para Luísa. De posse dessas provas do adultério, começa a chantagear Luísa, exigindo dinheiro para ficar quieta. Basílio promete ajudar a prima, mas cai fora, partindo para Paris e deixando Luísa à mercê de Juliana, que, entre outras exigências, obriga a patroa a fazer alguns serviços de empregada. Quando Jorge retorna e percebe a situação absurda que se criou em casa — com a mulher trabalhando e obedecendo à empregada —, o problema piora.

Desesperada, Luísa resolve contar o que está acontecendo a Sebastião, confiando em sua ajuda. Ele consegue contornar a situação: obrigada a entregar as cartas, Juliana tem um ataque e acaba morrendo. Luísa cai doente, mas, aos poucos, vai se restabelecendo e a vida do casal começa a voltar ao normal. No entanto, uma carta tardia de Basílio chega à residência e Jorge a recebe, descobrindo o que aconteceu em sua ausência. Fica desesperado, mas temendo perder a esposa que amava, resolve perdoá-la. Quando Luísa melhora, ele não suporta mais a angústia e resolve mostrar-lhe a carta de Basílio, para dizer que sabia de tudo mas que a perdoava. Ela, porém, tem um novo ataque ao descobrir que Jorge sabia de tudo. Seu estado piora e ela acaba falecendo.

Numa carta que escreveu a seu amigo Teófilo Braga a respeito de *O primo Basílio*, Eça de Queirós afirma: "Eu não ataco a família — ataco a família lisboeta — a família lisboeta produto do namoro, reunião desagradável de egoísmos que se contradizem". De fato, Eça não reprova o casamento em si, mas o casamento hipócrita da sociedade burguesa, o casamento em bases falsas, sem sinceridade. Critica o romantismo que enche a cabeça de Luísa de futilidades e devaneios, tirando-a da realidade e jogando-a nos braços do primo sedutor assim que se vê sozinha.

Profundamente realista em suas premissas, a obra não "romantiza" a paixão de Luísa por Basílio; ao contrário, o tom irônico do narrador é claramente perceptível o tempo todo. No final, o cinismo de Basílio se revela plenamente, quando, ao saber da morte da prima, lamenta apenas a perda de uma mulher que seria um bom passatempo quando ele tivesse que passar alguns dias em Lisboa...

EM 1988, A REDE GLOBO PRODUZIU A MINISSÉRIE *O PRIMO BASÍLIO*, BASEADA NO ROMANCE DE EÇA DE QUEIRÓS.

Texto 1[1]

Ao ler no jornal a notícia de que seu primo Basílio estava em Lisboa, Luísa começa a pensar nos tempos passados. Basílio fora seu primeiro amor e eles tinham até planos de se casarem. Mas ele resolveu sair de Portugal, o que pôs um fim ao namoro. Três anos depois ela conheceu Jorge, que nunca soube desse primeiro relacionamento de Luísa.

[Um novo amor]

Tinham passado três anos quando conheceu Jorge. Ao princípio não lhe agradou. Não gostava dos homens barbados; depois percebeu que era a primeira barba, fina, rente, muito macia decerto; começou a admirar os seus olhos, a sua frescura. E, sem o amar, sentia ao pé dele como uma fraqueza, uma dependência e uma quebreira, uma vontade de adormecer encostada ao seu ombro, e de ficar assim muitos anos, confortável, sem receio de nada. Que sensação quando ele lhe disse: "Vamos casar, hem!" Viu de repente o rosto barbado, com os olhos muito luzidios, sobre o mesmo travesseiro, ao pé do seu! Fez-se escarlate[2]. Jorge tinha-lhe tomado a mão; ela sentia o calor daquela palma larga penetrá-la, tomar posse dela; disse que *sim*; ficou como idiota, e sentia debaixo do vestido de merino[3] dilatarem-se docemente os seus seios. Estava noiva, enfim! Que alegria, que descanso, para a mamã!

Casaram às oito horas, numa manhã de nevoeiro. Foi necessário acender luz para lhe pôr a coroa e o véu de tule. Todo aquele dia lhe aparecia como enevoado,

---

1   Textos reproduzidos do livro *O primo Basílio*. São Paulo: Moderna, 2015.
2   **Escarlate: vermelha, ruborizada.**
3   **Merino: tecido fino de lã de carneiro.**

sem contornos, à maneira de um sonho antigo, onde destacava a cara balofa e amarelada do padre, e a figura medonha de uma velha, que estendia a mão adunca¹, com uma sofreguidão² colérica, empurrando, rogando pragas, quando, à porta da igreja, Jorge comovido distribuía patacos³. Os sapatos de cetim apertavam-na. Sentira-se enjoada da madrugada; fora necessário fazer-lhe chá verde muito forte. E tão cansada à noite naquela casa nova, depois de desfazer os seus baús! Quando Jorge apagou a vela, com um sopro trêmulo, *esses* luminosos faiscavam⁴, corriam-lhe diante dos olhos.

Mas era o seu marido; era novo, era forte, era alegre; pôs-se a adorá-lo. Tinha uma curiosidade constante da sua pessoa e das suas coisas; mexia-lhe no cabelo, na roupa, nas pistolas, nos papéis. Olhava muito para os maridos das outras, comparava, tinha orgulho nele. Jorge envolvia-a em delicadezas de amante, ajoelhava-se aos seus pés, era muito *dengueiro*⁵. E sempre de bom humor, com muita graça; mas nas coisas da sua profissão ou do seu brio tinha severidades exageradas, e punha então nas palavras, nos modos, uma solenidade carrancuda. Uma amiga dela, romanesca, que via em tudo dramas, tinha-lhe dito: é homem para te dar uma punhalada. Ela que não conhecia ainda o temperamento plácido de Jorge, acreditou, e isso mesmo criou uma exaltação no seu amor por ele. Era o seu *tudo* — a sua força, o seu fim, o seu destino, a sua religião, o seu homem! Pôs-se a pensar, o que teria sucedido se tivesse casado com o primo Basílio. Que desgraça, hem! Onde estaria? Perdia-se em suposições de outros destinos, que se desenrolavam, como panos de teatro⁶: via-se no Brasil, entre coqueiros, embalada numa rede, cercada de negrinhos, vendo voar papagaios!

(Trecho do cap. 1, p. 33-35)

1. Mais do que amor propriamente dito, o que teria levado Luísa a casar-se com Jorge?
2. Na comparação que Luísa faz entre seu marido e Basílio, Jorge parece sair ganhando. Por quê?

---

1 Adunca: **que tem forma de garra.**
2 Sofreguidão: **ansiedade.**
3 Patacos: **antigas moedas de bronze de pouco valor.**
4 *Esses* luminosos faiscavam: **trata-se aqui do plural da letra S e não do pronome demonstrativo "esse". O autor quis sugerir a imagem das faíscas.**
5 Dengueiro: **gostava de mimar a esposa.**
6 Panos de teatro: **cenários pintados nos palcos de teatro.**

Texto 2

Jorge e Luísa costumavam receber os amigos mais chegados semanalmente, numa reunião informal, servindo-lhes bolinhos, chás e doces. Um desses amigos era o primo de Jorge, Ernesto Ledesma — o Ernestinho —, um funcionário público que também se dedicava a escrever peças de teatro. Naquela ocasião, estava preparando um drama chamado Honra e paixão, no qual uma mulher trai o marido e acaba assassinada por ele no final. Esse epílogo imaginado por Ernestinho provoca polêmicas.

[Honra, paixão e morte]

No entanto o conselheiro aconselhava a Ernestinho a clemência; tinha-lhe posto a mão no ombro paternalmente, e com uma voz persuasiva:

— Dá mais alegria à peça, senhor Ledesma. O espectador sai mais aliviado! Deixe sair o espectador aliviado!

— Mais um bolinho, conselheiro?

— Estou repleto, minha prezada senhora.

E, então, invocou a opinião de Jorge. Não lhe parecia que o bom Ernesto devia perdoar?

— Eu, conselheiro? De modo nenhum. Sou pela morte. Sou inteiramente pela morte! E exijo que a mates, Ernestinho!

Dona Felicidade acudiu, toda bondosa:

— Deixe falar, senhor Ledesma. Está a brincar. E ele então que é um coração de anjo!

— Está enganada, dona Felicidade — disse Jorge, de pé, diante dela. — Falo sério e sou uma fera! Se enganou o marido, sou pela morte. No abismo, na sala, na rua; mas que a mate. Posso lá consentir que, num caso desses, um primo meu, uma pessoa da minha família, do meu sangue, se ponha a perdoar como um lamecha[1]! Não! Mata-a! É um princípio de família. Mata-a quanto antes!

— Aqui tem um lápis, senhor Ledesma — gritou Julião, estendendo-lhe uma lapiseira.

O conselheiro, então, interveio, grave:

— Não — disse —, não creio que o nosso Jorge fale sério. É muito instruído para ter ideias tão...

Hesitou, procurou o adjetivo. Juliana pôs-se-lhe diante com uma bandeja, onde um macaco de prata se agachava comicamente, sob um vasto guarda-sol eriçado de palitos[2]. Tomou um, curvou-se, e concluiu:

— ... tão anticivilizadoras.

— Pois está enganado, conselheiro, tenho-as — afirmou Jorge. — São as minhas ideias. E aqui tem, se em lugar de se tratar de um final de ato, fosse um caso da vida real; se o Ernesto viesse dizer-me: sabes, encontrei minha mulher...

— Oh, Jorge! — disseram, repreensivamente.

---

1 Lamecha: sujeito tão apaixonado que age como um frouxo.
2 Eriçado de palitos: de onde saíam palitos; Juliana oferece a ele um paliteiro.

— ... Bem, suponhamos; se ele mo viesse dizer[1], eu respondia-lhe o mesmo. Dou a minha palavra de honra, que lhe respondia o mesmo: mata-a!

Protestaram. Chamaram-lhe *tigre, Otelo, Barba-Azul*[2]. Ele ria, enchendo muito sossegadamente o seu cachimbo.

Luísa bordava, calada; a luz do candeeiro, abatida pelo *abat-jour*[3], dava aos seus cabelos tons de um louro quente, resvalava sobre a sua testa branca como sobre um marfim muito polido.

— Que dizes tu a isto? — disse-lhe dona Felicidade.

Ela ergueu o rosto, risonha, encolheu os ombros...

(Trecho do cap. 2, p. 57-58)

1. Qual é a posição de Jorge na questão de adultério da mulher?
2. Essa postura combina com a descrição que temos dele no Texto 1? Há alguma pista no Texto 1 que poderia revelar esse aspecto de seu comportamento?

---

1 **Se ele mo viesse dizer:** essa construção equivale a "se ele me viesse dizer isso". A forma *mo* é a junção dos pronomes me + o. É um uso tipicamente lusitano e pode ocorrer com outros pronomes, como *lho* (lhe + o), *ta* (te + a) etc.
2 **Otelo e Barba-Azul:** personagens literários que matam suas esposas.
3 *Abat-jour* (em francês): abajur.

Texto 3

Sem esperar, Luísa recebe a visita de Basílio. Tantos anos depois, eles voltam a se ver.

[Reencontro inesperado]

Luísa desceu o véu branco, calçou devagar as luvas de *peau de suède*[1] claras, deu duas pancadinhas fofas ao espelho na gravata de renda e abriu a porta da sala. Mas quase recuou; fez *ah!* toda escarlate. Tinha-o reconhecido logo. Era o primo Basílio.

Houve um *shake-hands*[2] demorado, um pouco trêmulo. Estavam ambos calados; ela com todo o sangue no rosto, um sorriso vago; ele fitando-a muito, com um olhar admirado. Mas as palavras, as perguntas vieram logo, muito precipitadamente: — Quando tinha ele chegado? Se sabia que ele estava em Lisboa? Como soubera a morada dela?

Chegara na véspera no paquete de Bordéus[3]. Perguntara no ministério; disseram-lhe que Jorge estava no Alentejo; deram-lhe a *adresse*[4]...

— Como tu estás mudada, Santo Deus!
— Velha?
— Bonita!
— Ora!
E ele, que tinha feito? Demorava-se?

---

1 *Peau de suède* (em francês): couro fino com camurça.
2 *Shake-hands* (em inglês): aperto de mãos, cumprimento.
3 Paquete de Bordéus: navio que vinha de Bordéus, cidade francesa.
4 *Adresse* (em francês): endereço.

Foi abrir uma janela, dar uma luz larga, mais clara. Sentaram-se. Ele no sofá muito languidamente; ela ao pé, pousada de leve à beira de uma poltrona, toda nervosa.

Tinha deixado o *degredo*[1]; disse ele. Viera respirar um pouco à velha Europa. Estivera em Constantinopla, na Terra Santa, em Roma. O último ano passara-o em Paris. Vinha de lá, daquela aldeola de Paris! Falava devagar, recostado, com um ar íntimo, estendendo sobre o tapete, comodamente, os seus sapatos de verniz.

Luísa olhava-o. Achava-o mais varonil, mais trigueiro[2]. No cabelo preto anelado havia agora alguns fios brancos; mas o bigode pequeno tinha o antigo ar moço, orgulhoso e intrépido; os olhos, quando ria, a mesma doçura amolecida, banhada num fluido. Reparou na ferradura de pérola da sua gravata de cetim preto, nas pequeninas estrelas brancas bordadas nas suas meias de seda. A Bahia não o vulgarizara. Voltava mais interessante!

— Mas tu, conta-me de ti — dizia ele com um sorriso, inclinado para ela. — És feliz, tens um pequerrucho...

— Não — exclamou Luísa rindo. — Não tenho! Quem te disse?

— Tinham-me dito. E teu marido demora-se?

— Três, quatro semanas, creio.

Quatro semanas! Era uma viuvez! Ofereceu-se logo para a vir ver mais vezes, palrar[3] um momento, pela manhã...

— Pudera não! És o único parente que tenho, agora...

— Mas tu ias sair! — disse Basílio de repente, querendo erguer-se.

— Não! — exclamou. — Não! Estava aborrecida, não tinha nada que fazer. Ia tomar ar. Não saio já.

Ele ainda disse:

— Não te prendas...

— Que tolice! Ia a casa de uma amiga passar um momento.

Tirou logo o chapéu; naquele movimento os braços erguidos repuxaram o corpete justo, as formas do seio acusaram-se suavemente.

Basílio torcia a ponta do bigode devagar; e vendo-a descalçar as luvas:

— Era eu antigamente quem te calçava e descalçava as luvas... Lembras-te?... Ainda tenho esse privilégio exclusivo, creio eu...

Ela riu-se.

— Decerto que não...

---

1 **Degredo: exílio.**
2 **Trigueiro: moreno.**
3 **Palrar: conversar.**

Basílio disse então, lentamente, fitando o chão:

— Ah! Outros tempos!

E pôs-se a falar de Colares[1]: a sua primeira ideia, mal chegara, tinha sido tomar uma tipoia[2] e ir lá; queria ver a quinta; ainda existiria o balouço[3] debaixo do castanheiro? Ainda haveria o caramanchão de rosinhas brancas, ao pé do Cupido de gesso que tinha uma asa quebrada?...

Luísa ouvira dizer que a quinta pertencia agora a um brasileiro[4]; sobre a estrada havia um mirante com um teto chinês, ornado de bolas de vidro; e a velha casa morgada fora reconstruída e mobilada pelo Gardé.

— A nossa pobre sala de bilhar, cor de oca, com grinaldas de rosas! — disse Basílio; e fitando-a: — Lembras-te das nossas partidas de bilhar?

Luísa, um pouco vermelha, torcia os dedos das luvas; ergueu os olhos para ele; disse, sorrindo:

— Éramos duas crianças!

Basílio encolheu tristemente os ombros; fitou as ramagens do tapete; parecia abandonar-se a uma saudade remota, e com uma voz sentida:

— Foi o bom tempo! Foi o meu bom tempo!

Ela via a sua cabeça benfeita, descaída naquela melancolia das felicidades passadas, com uma risca muito fina, e os cabelos brancos — que lhe dera a separação. Sentia também uma vaga saudade encher-lhe o peito; ergueu-se, foi abrir a outra janela, como para dissipar na luz viva e forte aquela perturbação.

(Trecho do cap. 3, p. 71-72)

1. Que impressão o primo Basílio causou em Luísa?
2. Que aspectos da personalidade de Basílio podemos perceber nesse texto?

---

1 Colares: **pequena cidade onde a mãe de Luísa tinha uma quinta, isto é, uma residência campestre.**
2 Tipoia: **carruagem de aluguel.**
3 Balouço: **balanço.**
4 Nessa passagem, refere-se a um português que fez fortuna no Brasil e voltou a Portugal.

Texto 4

Neste trecho, segue a conversa entre Basílio e Luísa na casa dela.

[Uma conversa perturbadora]

Luísa voltava entre os dedos o seu medalhão de ouro, preso ao pescoço por uma fita de veludo preto.

— E estiveste então um ano em Paris?

Um ano divino. Tinha um apartamento lindíssimo, que pertencera a Lorde Falmouth, *Rue Saint Florentin*; tinha três cavalos...

E recostando-se muito, com as mãos nos bolsos:

— Enfim, fazer este vale de lágrimas o mais confortável possível!... Dize cá, tens algum retrato nesse medalhão?

— O retrato de meu marido.

— Ah! Deixa ver!

Luísa abriu o medalhão. Ele debruçou-se; tinha o rosto quase sobre o peito dela. Luísa sentia o aroma fino que vinha de seus cabelos.

— Muito bem, muito bem! — fez Basílio.

Ficaram calados.

— Que calor que está! — disse Luísa. — Abafa-se, hem!

Levantou-se, foi abrir um pouco uma vidraça. O sol deixara a varanda. Uma aragem suave encheu as pregas grossas das bambinelas[1].

---

1 **Bambinelas:** cortinas divididas em duas partes, cada uma apanhada para um lado, usadas para enfeitar janelas e portas.

— É o calor do Brasil — disse ele. — Sabes que estás mais crescida?

Luísa estava de pé. O olhar de Basílio corria-lhe as linhas do corpo; e com a voz muito íntima, os cotovelos sobre os joelhos, o rosto erguido para ela:

— Mas, francamente, dize cá, pensaste que eu te viria ver?

— Ora essa! Realmente, se não viesses zangava-me. És o meu único parente... O que tenho pena é que meu marido não esteja...

— Eu — acudiu Basílio — foi justamente por ele não estar...

Luísa fez-se escarlate. Basílio emendou logo, um pouco corado também:

— Quero dizer... Talvez ele saiba que houve entre nós...

Ela interrompeu:

— Tolices! Éramos duas crianças. Onde isso vai!

— Eu tinha vinte e sete anos — observou ele, curvando-se.

Ficaram calados, um pouco embaraçados. Basílio cofiava[1] o bigode, olhando vagamente em redor. [...]

Bocejou ligeiramente, fitou um momento os seus sapatos muito aguçados e, com um movimento brusco, ergueu-se, tomou o chapéu.

— Já? Onde estás?

— No Hotel Central.

— E até quando?

— Até quando quiseres.

— Não disseste que vinhas amanhã com o rosário?

Ele tomou-lhe a mão, curvou-se:

— Já se não pode dar um beijo na mão de uma velha prima?

— Por que não?

Pousou-lhe um beijo na mão, muito longo, com uma pressão doce.

— Adeus! — disse.

E à porta, com o reposteiro[2] meio erguido, voltando-se:

— Sabes que eu, ao subir as escadas, vinha a perguntar a mim mesmo, como se vai isto passar?

— Isto o quê? Vermo-nos outra vez? Mas, perfeitamente. Que imaginaste tu?

Ele hesitou, sorriu:

— Imaginei que não eras tão boa rapariga. Adeus. Amanhã, hem?

No fundo da escada acendeu o charuto, devagar.

— "Que bonita que ela está!", pensou.

---

1   Cofiava: alisava.
2   Reposteiro: cortina que cobre o lado interior de uma porta.

E arremessando o fósforo, com força:

— E eu, pedaço de asno, que estava quase decidido a não a vir ver! Está de apetite! Está muito melhor! E sozinha em casa; aborrecidinha talvez!...

Ao pé da Patriarcal fez parar um *cupê*[1] vazio; e estendido, com o chapéu nos joelhos, enquanto a parelha esfalfada trotava:

— E tem-me o ar de ser muito asseada, coisa rara na terra! As mãos muito bem tratadas! O pé muito bonito!

Revia a pequenez do pé; pôs-se a fazer por ele o desenho mental de outras belezas, despindo-a, querendo adivinhá-la... A amante que deixara em Paris era muito alta e magra, de uma elegância de tísica[2]; quando se decotava viam-se as saliências das suas primeiras costelas. E as formas redondinhas de Luísa decidiram-no:

— A ela! — exclamou com apetite. — A ela, como São Tiago aos mouros[3]!

(Trecho do cap. 3, p. 75-78)

1. Nessa primeira visita a Luísa, é possível perceber gestos e palavras que revelam iniciativas de sedução por parte de Basílio? Justifique.
2. Luísa repete algumas vezes que o namoro entre eles tinha sido uma coisa de "crianças". Podemos dizer que, realmente, não passou disso? Por quê?

---

1 Cupê: **carruagem puxada por uma parelha, isto é, dois cavalos.**
2 Tísica: **tuberculosa, isto é, excessivamente magra.**
3 Como São Tiago aos mouros: **isto é, com empenho e perseverança. Segundo uma lenda, São Tiago teria milagrosamente auxiliado os espanhóis nas batalhas pela expulsão dos mouros da Península Ibérica. Basílio decide então lutar com todas as forças para seduzir Luísa.**

Texto 5
Depois dessa primeira visita de Basílio, Luísa começa a pensar no passado e no presente.

[Sonho e realidade]

Luísa, quando o sentiu embaixo fechar a porta da rua, entrou no quarto, atirou o chapéu para a *causeuse*[1], e foi-se logo ver ao espelho. Que felicidade estar vestida! Se ele a tivesse apanhado em roupão, ou malpenteada!... Achou-se muito afogueada, cobriu-se de pó de arroz. Foi à janela, olhou um momento a rua, o sol que batia ainda nas casas fronteiras. Sentia-se cansada. Àquelas horas, Leopoldina estava a jantar já, decerto... Pensou em escrever a Jorge "para matar o tempo", mas veio-lhe uma preguiça; estava tanto calor! Depois não tinha que lhe dizer! Começou então a despir-se devagar diante do espelho, olhando-se muito, gostando de se ver branca, acariciando a finura da pele, com bocejos lânguidos de um cansaço feliz. Havia sete anos que não via o primo Basílio! Estava mais trigueiro, mais queimado; mas ia-lhe bem!

---

1   *Causeuse* (em francês): **conversadeira; cadeira dupla, com assentos opostos, própria para pessoas que queiram conversar.**

E depois de jantar ficou junto à janela, estendida na *voltaire*[1], com um livro esquecido no regaço. [...]

"Que vida interessante a do primo Basílio!", pensava. "O que ele tinha visto! Se ela pudesse também fazer as suas malas, partir, admirar aspectos novos e desconhecidos, a neve nos montes, cascatas reluzentes! Como desejaria visitar os países que conhecia dos romances: a Escócia e os seus lagos taciturnos[2], Veneza e os seus palácios trágicos; aportar às baías, onde um mar luminoso e faiscante morre na areia fulva[3]; e das cabanas dos pescadores, de teto chato, onde vivem as Grazielas[4], ver azularem-se ao longe as ilhas de nomes sonoros! E ir a Paris! Paris sobretudo! Mas qual! Nunca viajaria decerto; eram pobres; Jorge era caseiro, tão lisboeta!"

Como seria o patriarca de Jerusalém? Imaginava-o de longas barbas brancas, recamado[5] de ouro, entre instrumentações solenes e rolos de incenso! E a princesa de La Tour d'Auvergne? Devia ser bela, de uma estatura real, vivia cercada de pajens, namorara-se de Basílio. A noite escurecia, outras estrelas luziam. Mas de que servia viajar, enjoar nos paquetes[6], bocejar nos vagões, e, numa diligência muito sacudida, cabecear de sono pela serra nas madrugadas frias? Não era melhor viver num bom conforto, com um marido terno, uma casinha abrigada, colchões macios, uma noite de teatro às vezes, e um bom almoço nas manhãs claras quando os canários chalram[7]? Era o que ela tinha. Era bem feliz! Então veio-lhe uma saudade de Jorge; desejaria abraçá-lo, tê-lo ali ou, quando descesse, ir encontrá-lo fumando o seu cachimbo no escritório, com o seu jaquetão de veludo. Tinha tudo, ele, para fazer uma mulher feliz e orgulhosa: era belo, com uns olhos magníficos, terno, fiel. Não gostaria de um marido com uma vida sedentária e caturra[8]; mas a profissão de Jorge era interessante; descia aos poços tenebrosos das minas; um dia apertara as pistolas contra uma malta[9] revoltada; era valente; tinha talento! Involuntariamente, porém, o primo Basílio fazendo flutuar o seu *bornous*[10] branco

---

1 *Voltaire* (em francês): **poltrona com encosto para a cabeça.**
2 Taciturnos: **sombrios.**
3 Fulva: **de cor amarela meio avermelhada.**
4 Graziela é um nome comum entre as italianas e, na literatura romântica do século XIX, muitas vezes é o nome das heroínas das histórias sentimentais que se passavam nas encantadoras paisagens da Itália e outros lugares inspiradores. Luísa tem a mente povoada por essas histórias e frequentemente imagina-se como uma dessas heroínas.
5 Recamado: **coberto.**
6 Paquetes: **navios.**
7 Chalram: **cantam.**
8 Caturra: **antiquada.**
9 Malta: **bando.**
10 *Bornous*: **burnu; capote grande de lã, com capuz, usado geralmente por árabes.**

pelas planícies da Terra Santa, ou em Paris, direito na almofada, governando tranquilamente os seus cavalos inquietos dava-lhe a ideia de uma outra existência mais poética, mais própria para os episódios do sentimento.

Do céu estrelado caía uma luz difusa; janelas alumiadas sobressaíam ao longe, abertas à noite abafada; voos de morcegos passavam diante da vidraça.

— A senhora não quer luz? — perguntou à porta a voz fatigada de Juliana.

— Ponha-a no quarto.

Desceu. Bocejava muito; sentia-se quebrada.

"É trovoada", pensou.

Foi à sala, sentou-se ao piano, tocou ao acaso bocados da *Lucia*, da *Sonâmbula*, o *Fado*; e parando, os dedos pousados de leve sobre o teclado, pôs-se a pensar que Basílio devia vir no dia seguinte; vestiria o roupão novo de *foulard*[1] cor de castanho! Recomeçou o *Fado*, mas os olhos cerravam-se-lhe.

Foi para o quarto.

Juliana trouxe o rol[2] e a lamparina. Vinha arrastando as chinelas, com um casabeque[3] pelos ombros, encolhida e lúgubre. Aquela figura com um ar de enfermaria irritou Luísa:

— Credo, mulher! Você parece a imagem da morte!

Juliana não respondeu. Pousou a lamparina; apanhou, placa a placa[4], sobre a cômoda, o dinheiro das compras; e com os olhos baixos:

— A senhora não precisa mais nada, não?

— Vá-se, mulher, vá!

Juliana foi buscar o candeeiro de petróleo[5], subiu ao quarto. Dormia em cima, no sótão, ao pé da cozinheira[6].

— Pareço-te a imagem da morte! — resmungava, furiosa.

O quarto era baixo, muito estreito, com o teto de madeira inclinado; o sol, aquecendo todo o dia as telhas por cima, fazia-o abafado como um forno; havia sempre à noite um cheiro requentado de tijolo escandescido[7]. Dormia num leito de ferro, sobre um colchão de palha mole coberto de uma colcha de chita; da barra da cabeceira pendiam os seus *bentinhos*[8] e a rede enxovalhada[9] que punha

---

1 *Foulard* (em francês): lenço de seda para o pescoço.
2 Rol: lista (no caso, de compras).
3 Casabeque: casaquinho feminino, leve e curto.
4 Placa a placa: expressão que significa "moeda por moeda".
5 Candeeiro de petróleo: espécie de lamparina que se usava para iluminação.
6 Ao pé da cozinheira: perto da cozinheira.
7 Escandescido: quente.
8 Bentinhos: pequenas representações de imagens religiosas.
9 Enxovalhada: nessa passagem, tem o sentido de sujo.

na cabeça; ao pé tinha preciosamente a sua grande arca de pau, pintada de azul, com uma grossa fechadura. Sobre a mesa de pinho estava o espelho de gaveta, a escova de cabelo enegrecida e despelada, um pente de osso, as garrafas de remédio, uma velha pregadeira[1] de cetim amarelo e, embrulhada num jornal, a cuia de retrós[2] dos domingos. E o único adorno das paredes sujas, riscadas da cabeça de fósforos[3], era uma litografia de Nossa Senhora das Dores por cima da cama, e um daguerreótipo[4] onde se percebiam vagamente, no reflexo espelhado da lâmina, os bigodes encerados e as divisas de um sargento.

— A senhora já se deitou, senhora Juliana? — perguntou a cozinheira do quarto pegado, de onde saía uma barra de luz viva cortando a escuridão do corredor.

— Já se deitou, senhora Joana, já. Está hoje com os azeites[5]. Falta-lhe o homem!

(Trecho do cap. 3, p. 78-81)

1. No Texto 1, vemos que Luísa imaginava como teria sido a sua vida se tivesse se casado com Basílio. Mas agora, depois da conversa com o primo, isso parece ter mudado? O que ela sente com relação a isso?
2. Que ideias ela fazia desses lugares que lhe pareciam tão exóticos e atraentes?
3. O realismo descritivo e minucioso do narrador nos faz quase "ver" o quarto onde Juliana dormia. Por essa descrição, como devia ser a vida dela?
4. "Credo, mulher! Você parece a imagem da morte!": considerando o que você já sabe sobre o enredo do romance, podemos dizer que esse comentário de Luísa pode ser visto como uma espécie de antecipação do que viria a acontecer? Por quê?

---

1 Pregadeira: almofadinha em que se prendem alfinetes e agulhas para guardá-los.
2 Cuia de retrós: espécie de rolo de cabelos postiços, que, em certo penteado feminino, se coloca na nuca.
3 Os fósforos podiam ser riscados e acesos em diferentes superfícies, como as paredes, por exemplo.
4 Daguerreótipo: foto obtida por meio de um primitivo aparelho inventado pelo francês Louis Daguerre (1787-1851).
5 Está com os azeites: está de mau humor.

AS ROMÂNTICAS PAISAGENS DE SINTRA
VOLTAM À MENTE DE LUÍSA, LEMBRANDO-LHE
OS PASSEIOS QUE LÁ FAZIA COM BASÍLIO.

Texto 6

Basílio envolve Luísa cada vez mais, reacendendo nela o desejo e a paixão com promessas de um amor sincero. Em uma das visitas, ele consegue beijá-la. Ela fica perturbada com essa confusão de sentimentos que lhe agitam a alma, mas não se sente com forças para opor resistência. No dia seguinte, recebe uma carta de Jorge.

[Jorge? Basílio?]

Não a esperava, e aquela folha de papel cheia de uma letra miudinha, que lhe fazia reaparecer vivamente Jorge, a sua figura, o seu olhar, a sua ternura, deu-lhe uma sensação quase dolorosa. Toda a vergonha dos seus desfalecimentos cobardes, sob os beijos de Basílio, veio abrasar-lhe as faces. Que horror deixar-se abraçar, apertar! No sofá o que ele lhe dissera; com que olhos a devorara!... Recordava tudo, a sua atitude, o calor das suas mãos, a tremura da sua voz... E maquinalmente, pouco e pouco, ia-se esquecendo naquelas recordações, abandonando-se-lhe, até ficar perdida na deliciosa lassidão[1] que elas lhe davam, com o olhar lânguido[2], os braços frouxos. Mas a ideia de Jorge vinha então outra vez fustigá-la como uma

---

1 Lassidão: **moleza, relaxamento.**
2 Lânguido: **abatido.**

chicotada. Erguia-se bruscamente, passeava pelo quarto toda nervosa, com uma vaga vontade de chorar...

— Ah! Não! É horroroso, é horroroso! — dizia só, falando alto. — É necessário acabar!

Resolveu não receber Basílio, escrever-lhe, pedir-lhe que não voltasse, que partisse! Meditava mesmo as palavras; seria seca e fria; não diria "meu querido primo", mas simplesmente "primo Basílio".

E que faria ele, quando recebesse a carta? Choraria, coitado!

Imaginava-o só, no seu quarto de hotel, infeliz e pálido; e daqui, pelos declives da sensibilidade, passava à recordação da sua pessoa, da sua voz convincente, das turbações[1] do seu olhar dominante; e a memória demorava-se naquelas lembranças com uma sensação de felicidade, como a mão se esquece acariciando a plumagem doce de um pássaro raro. Sacudia a cabeça com impaciência, como se aquelas imaginações fossem os ferrões de insetos importunos; esforçava-se por pensar só em Jorge; mas as ideias más voltavam, mordiam-na; e achava-se desgraçada, sem saber o que queria, com vontades confusas de estar com Jorge, de consultar Leopoldina, de fugir para longe, ao acaso. Jesus, que infeliz que era! E do fundo da sua natureza de preguiçosa vinha-lhe uma indefinida indignação contra Jorge, contra Basílio, contra os sentimentos, contra os deveres, contra tudo o que a fazia agitar-se e sofrer. Que a não secassem[2], Santo Deus!

Depois de jantar, à janela da sala, ficou a reler a carta de Jorge. Pôs-se a recordar de propósito tudo o que a encantava nele, do seu corpo e das suas qualidades. E juntava ao acaso argumentos, uns de honra, outros de sentimento, para o amar, para o respeitar. Tudo era por ele estar fora, na província! Se ele ali estivesse ao pé dela[3]! Mas tão longe, e demorar-se tanto! E ao mesmo tempo, contra sua vontade, a certeza daquela ausência dava-lhe uma sensação de liberdade; a ideia de se poder mover à vontade nos desejos, nas curiosidades, enchia-lhe o peito de um contentamento largo, como uma lufada de independência.

Mas enfim, vamos, de que lhe servia estar livre, só? E de repente tudo o que poderia fazer, sentir, possuir, lhe aparecia numa perspectiva longa que fulgurava; aquilo era como uma porta, subitamente aberta e fechada, que deixa entrever, num relance, alguma coisa de indefinido, de maravilhoso, que palpita e faísca. Oh! Estava doida, decerto!

Escureceu. Foi para a sala, abriu a janela; a noite estava quente e espessa, com um ar de eletricidade e de trovoada. Respirava mal; olhava para o céu, desejando alguma coisa fortemente, sem saber o quê.

---

1 Turbações: **perturbações.**
2 Secassem: **aborrecessem.**
3 Ao pé dela: **perto dela.**

O moço do padeiro embaixo, como sempre, tocava o fado; aqueles sons banais entravam-lhe agora na alma, com a brandura de um bafo quente e a melancolia de um gemido.

Encostou a cabeça à mão com uma lassidão. Mil pensamentozinhos corriam-lhe no cérebro como os pontos de luz que correm num papel que se queimou; lembrava-lhe sua mãe, o chapéu novo que lhe mandara *madame* François, o tempo que faria em Sintra[1], a doçura das noites quentes sob a escuridão das ramagens...

Fechou a janela, espreguiçou-se; e sentada na *causeuse*[2], no seu quarto, ficou ali, numa imobilidade, pensando em Jorge, em lhe escrever, em lhe pedir que viesse. Mas bem depressa aquele cismar começou a quebrar-se a cada momento como uma tela que se esgarça em rasgões largos, e por trás aparecia logo com uma intensidade luminosa e forte a ideia do primo Basílio.

As viagens, os mares atravessados tinham-no tornado mais trigueiro; a melancolia da separação dera-lhe cabelos brancos. Tinha sofrido por ela!, dissera. E no fim onde estava o mal? Ele jurara-lhe que aquele amor era casto, passando-se todo na alma. Tinha vindo de Paris, o pobre rapaz, assim lho jurava[3], para a ver, uma semana, quinze dias. E havia de dizer-lhe: "Não voltes; vai-te".

— Quando a senhora quiser o chá... — disse da porta do quarto Juliana.

Luísa deu um suspiro alto como acordando. Não; que trouxesse a lamparina[4], mais tarde.

(Trecho do cap. 4, p. 127-129)

1. A carta de Jorge provocou quais sentimentos em Luísa?
2. O que ela acha do amor que Basílio diz sentir por ela?

---

1 Sintra: cidade litorânea onde Luísa e Basílio tantas vezes estiveram como namorados.
2 *Causeuse* (em francês): conversadeira; cadeira dupla, com assentos opostos, própria para pessoas que queiram conversar.
3 Assim lho jurava: essa construção equivale a "assim jurara isso". A forma *lho* é a junção dos pronomes lhe + o. É um uso tipicamente lusitano e pode ocorrer com outros pronomes, como *mo* (me + o), *ta* (te + a) etc.
4 Não podemos esquecer que nessa época as casas não tinham luz elétrica, nem chuveiro, nem a maioria dos confortos que existem hoje.

Meu adorável Basílio

Texto 7

Basílio e Luísa encontram-se agora frequentemente numa casinha de subúrbio que passaram a chamar de "Paraíso". Mas as saídas dela começam a levantar suspeitas na vizinhança, que tudo observa. Sebastião fica preocupado pois ouve gracejos e indiretas que revelam que os vizinhos podem estar desconfiando de alguma coisa imoral que Luísa esteja fazendo. Mas não tem coragem de verificar se é verdade. Ela, por sua vez, cada dia mais apaixonada, se torna também imprudente. Juliana já tinha descoberto e roubado um bilhete comprometedor de Luísa e percebe que pode conseguir outros, passando assim a vigiar cada movimento da patroa e a vasculhar as suas gavetas.

[Cartas e segredos]

Luísa, depois do almoço, veio para o quarto estender-se na *causeuse*[1], com o seu *Diário de Notícias*. Mas não podia ler. As recordações da véspera redemoinhavam-lhe na alma a cada momento, como as folhas que um vento de outono levanta a espaços de um chão tranquilo; certas palavras dele, certos ímpetos, toda a sua maneira de amar... E ficava imóvel, o olhar afogado num fluido, sentindo aquelas reminiscências vibrarem-lhe muito tempo, docemente, nos nervos da memória. Todavia a lembrança de Jorge não a deixava; tivera-a sempre no espírito, desde a véspera; não a assustava, nem a torturava; estava ali, imóvel mas presente, sem lhe fazer medo, nem lhe trazer remorso; era como se ele tivesse morrido, ou estivesse tão longe que não pudesse voltar, ou a tivesse abandonado! Ela mesma se espantava de se sentir tão tranquila. E todavia impacientava-a ter constantemente aquela ideia no espírito, impassível, com uma obstinação espectral[2]; punha-se instintivamente a acumular as justificações: não fora culpa sua. Não abrira os braços a Basílio voluntariamente!... Tinha sido uma *fatalidade*; fora o calor da hora, o crepúsculo, uma pontinha de vinho talvez... Estava doida, decerto. E repetia consigo as atenuações tradicionais: não era a primeira que enganara seu marido; e muitas era apenas por vício; ela fora por paixão... Quantas mulheres viviam num amor ilegítimo e eram ilustres, admiradas! Rainhas mesmo tinham amantes. E ele amava-a tanto!... Seria tão fiel, tão discreto! As suas palavras eram tão cativantes, os seus beijos tão estonteadores!... E enfim que lhe havia de fazer agora? *Já agora!*...

E resolveu ir responder-lhe. Foi ao escritório. Logo ao entrar o seu olhar deu com a fotografia de Jorge, a cabeça de tamanho natural, no seu caixilho envernizado de preto. Uma comoção comprimiu-lhe o coração; ficou como *tolhida* — como uma pessoa encalmada[3] de ter corrido, que entra na frieza de um subterrâneo; e examinava o seu cabelo frisado, a barba negra, a gravata de pontas, as duas espadas encruzadas que reluziam por cima. Se ele soubesse, matava-a!... Fez-se muito pálida. Olhava vagamente em redor o casaco de veludo de trabalho dependurado num prego; a manta em que ele embrulhava os pés dobrada a um lado; as grandes folhas de papel de desenho na outra mesa ao fundo, e o potezinho do tabaco, e a caixa das pistolas!... Matava-a decerto!

---

1   *Causeuse* (em francês): conversadeira; cadeira dupla, com assentos opostos, própria para pessoas que queiram conversar.
2   Obstinação espectral: persistência fantasmagórica, isto é, como se fosse uma assombração que a perseguisse.
3   Encalmada: acalorada.

Aquele quarto estava tão penetrado da personalidade de Jorge, que lhe parecia que ele ia voltar, entrar daí a bocado... Se ele viesse de repente!... Havia três dias que não recebia carta — e quando ela estivesse ali a escrever ao seu amante, num momento o *outro* podia aparecer e apanhá-la!... Mas eram tolices, pensou. O vapor do Barreiro só chegava às cinco horas; e depois ele dizia na última carta que ainda se demorava um mês, talvez mais...

Sentou-se, escolheu uma folha de papel, começou a escrever, na sua letra um pouco gorda:

Meu adorado Basílio

Mas um terror importuno tolhia-a[1]; sentia como um *palpite* de que ele vinha, ia entrar... Era melhor não se pôr a escrever, talvez!... Ergueu-se, foi à sala devagar, sentou-se no divã; e, como se o contato daquele largo sofá e o ardor das recordações que ele lhe trazia da véspera[2] lhe tivessem dado a coragem das ações amorosas e culpadas, voltou muito decidida ao escritório, escreveu rapidamente:

Não imaginas com que alegria recebi esta manhã a tua carta...

A pena velha escrevia mal; molhou-a mais, e ao sacudi-la, como lhe tremia um pouco a mão, um borrão negro caiu no papel. Ficou toda contrariada; pareceu-lhe aquilo um *mau agouro*. Hesitou um momento, e coçando a cabeça, com os cotovelos sobre a mesa, sentia Juliana varrer fora o patamar, cantarolando a *Carta adorada*[3]. Enfim, impaciente, rasgou a folha muitas vezes em pedacinhos miúdos — e atirou-os para um caixão de pau envernizado com duas argolas de metal, que estava ao canto junto à mesa, onde Jorge deitava[4] os rascunhos velhos e os papéis inúteis; chamavam-lhe o *sarcófago*; Juliana, decerto, descuidara-se de o esvaziar no lixo, porque transbordava de papelada.

Escolheu outra folha, recomeçou:

Meu adorado Basílio

---

1 Tolhia-a: **paralisava-a, impedia de agir.**
2 **No dia anterior, ela e Basílio tinham se amado naquele sofá.**
3 *Carta adorada*: **o título dessa música cantada alegremente por Juliana em vários momentos transforma-se numa alusão irônica às cartas que ela roubou de Luísa, que revelam seu adultério com Basílio. De posse dessas "cartas adoradas", Juliana pensa em chantagear os amantes para conseguir uma soma de dinheiro que a sustente pelo resto da vida.**
4 Deitava: **jogava.**

Não imaginas como fiquei quando recebi a tua carta, esta manhã, ao acordar. Cobri-a de beijos...

Mas o reposteiro[1] franziu-se numa prega mole, a voz de Juliana disse discretamente:
— Está ali a costureira, minha senhora.
Luísa, sobressaltada, tinha tapado a folha de papel com a mão.
— Que espere.
E continuou:

... Que tristeza que fosse a carta e que não fosses tu que ali estivesses! Estou pasmada de mim mesma, como em tão pouco tempo te apossaste do meu coração, mas a verdade é que nunca deixei de te amar. Não me julgues por isto leviana, nem penses mal de mim, porque eu desejo a tua estima, mas é que nunca deixei de te amar e ao tornar a ver-te, depois daquela estúpida viagem para tão longe, não fui superior ao sentimento que me impelia para ti, meu adorado Basílio. Era mais forte que eu, meu Basílio. Ontem, quando aquela maldita criada me veio dizer que tu te vinhas despedir, Basílio, fiquei como morta; mas quando vi que não, nem eu sei, adorei-te! E se tu me tivesses pedido a vida dava-ta[2], porque te amo que eu mesma, me estranho... Mas para que foi aquela mentira, e para que vieste tu? Mau! Tinha vontade de te dizer adeus para sempre, mas não posso, meu adorado Basílio! É superior a mim. Sempre te amei, e agora que sou tua, que te pertenço de corpo e alma, parece-me que te amo mais, se é possível...

— Onde está ela? Onde está ela? — disse uma voz na sala.
Luísa ergueu-se, com um salto, lívida[3]. Era Jorge! Amarrotou convulsivamente a carta, quis escondê-la no bolso — o roupão não tinha bolso! E desvairada, sem reflexão, arremessou-a para o *sarcófago*[4]. Ficou de pé, esperando, as duas mãos apoiadas à mesa, a vida suspensa.
O reposteiro ergueu-se, e reconheceu logo o chapéu de veludo azul de dona Felicidade.

---

1 Reposteiro: cortina que pende de portas do interior da casa, separando ambientes.
2 Dava-ta: essa construção equivale a "dava-te a vida". A forma *ta* é a junção dos pronomes te + a. É um uso tipicamente lusitano e pode ocorrer com outros pronomes, como *lho* (lhe + o), *ma* (me + a) etc.
3 Lívida: pálida.
4 Essa carta, jogada precipitadamente na lixeira, será uma das roubadas por Juliana.

— Aqui metida, sua brejeira[1]! Que estavas tu aqui a fazer? Que tens tu, filha, estás como a cal...

Luísa deixou-se cair no *fauteuil*[2], branca e fria; disse com um sorriso cansado:

— Estava a escrever, deu-me uma tontura...

— Ai! Tonturas, eu! — acudiu logo dona Felicidade. — É uma desgraça, a cada momento a agarrar-me aos móveis; até tenho medo de andar só. Falta de purgas[3]!

— Vamos para o quarto! — disse logo Luísa. — Estamos melhor no quarto.

Ao erguer-se, as pernas tremiam-lhe. Atravessaram a sala: Juliana começava a arrumar. Luísa, ao passar, viu na pedra da consola[4], debaixo do espelho oval, uma pouca de cinza; era da véspera, do charuto *dele!* Sacudiu-a — e, ao erguer os olhos, ficou pasmada de se ver tão pálida.

(Trecho do cap. 6, p. 183-186)

1. Em que situação cada vez mais comprometedora se encontra agora Luísa?
2. Que explicações ou desculpas ela mesma se dá para justificar seu comportamento?
3. Pode-se dizer que Luísa sente medo de uma vingança de Jorge mas não sofre um problema de consciência? Justifique.

---

1   Brejeira: **malandrinha**.
2   *Fauteuil* (em francês): **poltrona**.
3   Purgas: **purgantes**.
4   Consola: **console; móvel para apoio de pequenas estátuas, vasos e outros objetos de decoração**.

Texto 8

Juliana ameaça Luísa com as cartas. Quer seiscentos mil-réis ou mostrará tudo a Jorge quando ele voltar. Apavorada, Luísa conta a Basílio e propõe que eles fujam. Ele se recusa e oferece dinheiro para ela resolver o caso com Juliana. Luísa se ofende com essa atitude. Para safar-se dessa situação complicada, Basílio inventa que recebeu um telegrama que o chamava urgentemente a Paris e vai embora. Luísa se vê cada vez mais desesperada e chega até a pensar em se prostituir, em se entregar a um rico homem que era apaixonado por ela em troca da quantia pedida por Juliana. Mas na hora H se arrepende. Jorge volta e Luísa começa a ceder às ameaças de Juliana, dando-lhe presentes e até fazendo boa parte do serviço de casa. Mas a situação vai ficando insustentável, pois Jorge começa a estranhar tudo isso e se revolta contra Juliana. Sem saber o que fazer, Luísa vai procurar Sebastião.

[Desespero]

Luísa subiu; sentia sons de piano; abriu violentamente a porta, e correndo para ele, apertando as mãos contra o peito, numa voz angustiosa e sumida:

— Sebastião, escrevi uma carta a um homem; a Juliana apanhou-ma[1]. Estou perdida!

Ele ergueu-se devagar, assombrado, muito branco; viu-lhe o rosto manchado, o chapéu malposto, a aflição do olhar:

— Que é? Que é?

---

1 **Apanhou-ma:** essa construção equivale a "apanhou-me a carta". A forma *ma* é a junção dos pronomes me + a. É um uso tipicamente lusitano e pode ocorrer com outros pronomes, como *lho* (lhe + o), *ta* (te + a) etc.

— Escrevi a meu primo — repetiu, com os olhos cravados nele, ansiosamente —, a mulher apanhou-me a carta... Estou perdida!

Fez-se muito pálida; os olhos cerraram-se-lhe.

Sebastião amparou-a, levou-a meio desmaida para o sofá de damasco amarelo. E ficou de pé, mais descorado[1] que ela, com as mãos nos bolsos do seu jaquetão azul, imóvel, estúpido.

De repente correu fora, trouxe um copo de água, borrifou-lhe o rosto ao acaso. Ela abriu os olhos, as suas mãos errantes apalparam em redor, fitou-o espantada, e deixando-se cair sobre o braço do canapé[2], com o rosto escondido nas mãos, rompeu num choro histérico.

O seu chapéu caíra. Sebastião apanhou-o, sacudiu-lhe delicadamente as flores, pô-lo sobre a jardineira[3] com cuidado; e vindo nas pontas dos pés debruçar-se junto dela:

— Então! Então! — murmurava. E as suas mãos, tocando-lhe de leve o braço, tremiam como folhas.

Quis dar-lhe água para a sossegar; ela recusou com a mão, endireitou-se devagar no sofá, limpando os olhos, assoando-se com grandes soluços.

— Desculpe, Sebastião, desculpe — dizia. — Bebeu então um gole de água, ficou com as mãos no regaço, quebrada; e, uma a uma, as suas lágrimas silenciosas caíam sem cessar.

Sebastião foi fechar a porta — e vindo ao pé dela, com muita doçura:

— Mas então? Que foi?

Ela ergueu para ele a sua face chorosa, onde os olhos brilhavam febrilmente; olhou-o um momento, e deixando pender a cabeça, toda humilhada:

— Uma desgraça, Sebastião, uma vergonha! — murmurou.

— Não se aflija! Não se aflija!

Sentou-se ao pé dela, e baixo, com solenidade:

— Tudo o que eu puder, tudo o que for necessário, aqui me tem!

— Oh, Sebastião!... — exclamou num impulso de reconhecimento humilde; e acrescentou: — Acredite, tenho sido bem castigada! O que eu tenho sofrido, Sebastião!

Esteve um momento com os olhos cravados no chão; e agarrando-lhe o braço de repente, com força, as palavras romperam abundantes e precipitadas, como os borbulhões de uma água comprimida que rebenta.

— Apanhou-me a carta, não sei como, por um descuido meu! Ao princípio pediu-me seiscentos mil-réis. Depois começou a martirizar-me... Tive de lhe dar

---

1   Descorado: **pálido, sem cor.**
2   Canapé: **um tipo de sofá.**
3   Jardineira: **mesa redonda para centro de sala.**

vestidos, roupa, tudo! Mudou de quarto, servia-se dos meus lençóis, dos finos. Era a dona da casa. O serviço quem o faz sou eu!... Ameaça-me todos os dias; é um monstro. Tudo tem sido baldado[1]; boas palavras, bons modos... E onde tenho eu dinheiro! Pois não é verdade? Ela bem via... O que eu tenho sofrido! Dizem que estou mais magra, até o Sebastião reparou. A minha vida é um inferno. Se Jorge soubesse!... Aquela infame queria hoje dizer-lhe tudo!... E trabalho como uma negra. Logo pela manhã a limpar e varrer. Às vezes tenho de lavar as xícaras do almoço. Tenha piedade de mim, Sebastião, por quem é, Sebastião! Coitada de mim, não tenho ninguém neste mundo!

E chorava, com as mãos sobre o rosto.

Sebastião, calado, mordia o beiço; duas lágrimas rolavam-lhe também pela face, sobre a barba. E levantando-se devagar:

— Mas santo nome de Deus, minha senhora! Por que me não disse há mais tempo?

— Ó Sebastião, podia lá! Uma vez estive para lho dizer... Mas não pude, não pude!

— Fez mal!...

— Esta manhã o Jorge quis pô-la fora. Embirra com ela, percebe os desmazelos. Mas não desconfia de nada, Sebastião!... — E desviou os olhos, muito escarlate[2]. — Escarnecia-me[3] às vezes por eu parecer tão apaixonada por ela... Mas esta manhã zangou-se, mandou-a embora. Apenas ele saiu, veio como uma fúria, insultou-me...

— Santo Deus! — murmurava Sebastião assombrado, com a mão sobre a testa.

— Talvez não acredite, Sebastião; sou eu que faço os despejos[4]!...

— Mas merece a morte, essa infame! — exclamou batendo com o pé no chão.

Deu alguns passos pesados pela sala, devagar, as mãos nos bolsos, os seus largos ombros curvados. Voltou a sentar-se ao pé dela, e tocando-lhe timidamente no braço, muito baixo:

— É necessário tirar-lhe as cartas...

— Mas como?

Sebastião coçava a barba, a testa.

— Há de se arranjar — disse por fim.

Ela agarrou-lhe a mão:

— Oh, Sebastião, se fizesse isso!

---

1 **Baldado: em vão.**
2 **Escarlate: vermelha, ruborizada.**
3 **Escarnecia-me: zombava de mim.**
4 **Era Luísa quem agora limpava o banheiro e jogava fora a sujeira.**

— Há de se arranjar.

Esteve um momento calculando — e com o seu tom grave:

— Eu vou-me entender com ela... É necessário que ela esteja só em casa... Podiam ir ao teatro, esta noite.

Levantou-se lentamente, foi buscar o *Jornal do Comércio*, sobre a mesa, olhou os anúncios: — Podiam ir a São Carlos[1], que acaba mais tarde... É o *Fausto*[2]... Podiam ir ver o *Fausto*...

— Podíamos ir ver o *Fausto* — repetiu Luísa, suspirando.

E então, muito chegados, ao canto do sofá, Sebastião foi-lhe dizendo um plano, em palavras baixas, que ela devorava, ansiosa.

Devia escrever a dona Felicidade, para a acompanhar ao teatro... Mandar um recado a Jorge, prevenindo-o que o iriam buscar ao Hotel Gibraltar... E a Joana? A Joana deixara a casa[3]. Bem. Às nove horas, então. Juliana estaria só.

— Vê como tudo se arranja? — disse ele, sorrindo.

Era verdade... Mas daria a mulher as cartas?

Sebastião tornou a coçar a barba, a testa:

— Há de dar — disse.

Luísa olhava-o quase com ternura; parecia-lhe ver na sua face honesta uma alta beleza moral. E de pé diante dele, com uma melancolia na voz:

— E vai fazer isso por mim, Sebastião, por mim, que fui tão má mulher...

Sebastião corou; respondeu encolhendo os ombros.

— Não há más mulheres, minha rica senhora; há maus homens, é o que há!

(Trecho do cap.12, p. 358-361)

1. Você acha que Sebastião agiu bem ao ajudar Luísa? O que ele quis dizer com a frase que fecha esse texto?
2. A peça a que Luísa vai assistir chama-se *Fausto*. Conta a trágica história da jovem Margarida, seduzida e abandonada pelo doutor Fausto. Haveria alguma relação entre essa peça e o drama de Luísa?

---

1 São Carlos: **famoso teatro de Lisboa.**
2 *Fausto*: **nome da ópera composta pelo francês Gounod (1818-1893), que se baseia no poema** *Fausto*, **do alemão Goethe (1749-1832).**
3 Certo dia, Joana ficou inconformada com o modo arrogante e cruel de Juliana tratar Luísa e acabou agredindo a outra empregada. Juliana então exigiu que Joana fosse despedida e Luísa obedeceu.

Texto 9

Sebastião vai com um policial à casa de Luísa e lá tem uma conversa dura com Juliana, exigindo que entregue as cartas, senão a levaria presa como ladra. Juliana fica desesperada ao ver seu plano falhar e acaba tendo um mal súbito, vindo a falecer. Sebastião recupera as cartas e as entrega a Luísa, que as destrói. Mas ela fica tão estressada com tudo o que aconteceu que tem uma grave crise nervosa e cai doente. Julião cuida dela e, aos poucos, Luísa vai se acalmando e readquirindo as forças. Joana volta e uma nova empregada, Mariana, substitui Juliana. A vida do casal parece entrar no eixos novamente, mas ocorre um imprevisto: uma carta de Basílio a Luísa chega atrasada e é entregue na casa quando ela ainda está acamada. Quem recebe a carta é Jorge, que lê e descobre a traição da mulher. Fica transtornado, interroga Sebastião, que nega saber de alguma coisa. Mas como Luísa ainda está em convalescença, Jorge não diz nada; no entanto, fica se remoendo de raiva e indignação.

[Trágica revelação]

Ao outro dia Jorge foi ao ministério, onde não tinha aparecido nos últimos tempos. Mas demorou-se pouco. A rua, a presença dos conhecidos ou dos estranhos torturava-o; parecia-lhe que *todo o mundo sabia*; nos olhares mais naturais via uma intenção maligna, e nos apertos de mão mais sinceros uma irônica pressão de pêsames; as carruagens mesmo que passavam davam-lhe a suspeita de a terem conduzido ao *rendez-vous*[1]; e todas as casas lhe pareciam a fachada infame

---

1 *Rendez-vous* (em francês): **encontros; no caso, encontros amorosos com Basílio.**

do *Paraíso*[1]. Voltou mais sombrio, infeliz, sentindo a vida estragada. E logo no corredor ao entrar ouviu Luísa cantarolando, como outrora, a *Mandolinata*[2]!

Estava-se a vestir.

— Como estás tu? — perguntou, pondo a um canto a sua bengala.

— Estou boa. Hoje estou muito melhor. Um bocado fraca ainda...

Jorge deu alguns passos pelo quarto, taciturno[3].

— E tu? — perguntou-lhe ela.

— Pra aqui ando — disse tão desconsoladamente que Luísa pousou o pente, e com os cabelos soltos veio pôr-lhe as mãos nos ombros, muito carinhosa:

— Que tens tu? Tu tens alguma coisa. Estranho-te tanto há dias! Não és o mesmo! Às vezes estás com uma cara de réu... Que é? Dize.

E os seus olhos procuravam os dele, que se desviavam perturbados. Abraçou-o. Insistia, queria que dissesse tudo à "sua mulherzinha".

— Dize. Que tens?

Ele olhou-a muito, e de repente, com uma resolução violenta:

— Pois bem, digo-te. Tu agora estás boa, podes ouvir... Luísa! Vivo num inferno há duas semanas. Não posso mais... Tu estás boa, não é verdade? Pois bem, que quer dizer isto? Dize a verdade!

E estendeu-lhe a carta de Basílio.

— O que é? — fez ela muito branca. E o papel dobrado tremia-lhe na mão.

Abriu-a devagar, viu a letra de Basílio; num relance adivinhou-a. Fixou Jorge um momento de um modo desvairado, estendeu os braços sem poder falar, levou as mãos à cabeça com um gesto ansioso como se se sentisse ferida, e oscilando, com um grito rouco, caiu sobre os joelhos, ficou estirada no tapete.

Jorge gritou. As criadas acudiram. Estenderam-na na cama. Ele quis que Joana corresse a chamar Sebastião; e ficou, como petrificado, junto ao leito, olhando-a, enquanto Mariana toda trêmula desatacava[4] os espartilhos da senhora.

Sebastião veio logo. Felizmente havia éter; fizeram-lho respirar; apenas abriu lentamente os olhos, Jorge precipitou-se sobre ela:

— Luísa, ouve, fala! Não, não tem dúvida. Mas fala. Dize, que tens?

Ao ouvir a voz dele, desmaiou outra vez. Movimentos convulsivos sacudiram-lhe o corpo. Sebastião correu a buscar Julião.

Luísa parecia adormecida agora, imóvel, branca como cera, as mãos pousadas sobre a colcha; e duas lágrimas corriam-lhe devagar pelas faces.

---

1 *Paraíso*: **nome dado por Basílio à casa onde ele e Luísa se encontravam secretamente.**
2 *Mandolinata*: **canção alegre sobre tema amoroso, executada com bandolim.**
3 Taciturno: **calado, com cara fechada e tristonha.**
4 Desatacava: **soltava, abria.**

Um trem¹ parou. Julião apareceu esbaforido².

— Achou-se mal de repente... Vê, Julião. Está muito mal! — disse Jorge.

Fizeram-lhe respirar mais éter; despertou outra vez. Julião falou-lhe, tomando-lhe o pulso.

— Não, não, ninguém! — murmurou ela retirando a mão. Repetiu com impaciência: — Não, vão-se, não quero... — As suas lágrimas redobravam. E, como eles saíam da alcova para a não excitar contrariando-a, ouviram-na chamar: — Jorge!

Ele ajoelhou-se ao pé da cama, e falando-lhe junto do rosto:

— Que tens tu? Não se fala mais em tal. Acabou-se. Não estejas doente. Juro-te, amo-te... Fosse o que fosse, não me importa. Não quero saber, não.

E, como ela ia falar, ele pousou-lhe a mão na boca:

— Não, não quero ouvir. Quero que estejas boa, que não sofras! Dize que estás boa! Que tens? Vamos amanhã para o campo, e esquece-se tudo. Foi uma coisa que passou...

Ela disse apenas com a voz sumida:

— Oh! Jorge! Jorge!

— Bem sei... Mas agora vais ser feliz outra vez... Dize, que sentes?

— Aqui — disse ela, e levava as mãos à cabeça. — Dói-me!

Ele ergueu-se para chamar Julião, mas ela reteve-o; atraiu-o; e devorando-o com os olhos onde a febre se acendia, adiantando o rosto, estendia-lhe os lábios. Ele deu-lhe um beijo inteiro, sincero, cheio de perdão.

— Oh! Minha pobre cabeça! — gritou ela.

As fontes latejavam-lhe, e uma cor ardente, seca, esbraseava-lhe³ o rosto.

(Trecho do cap. 15, p. 405-407)

1. Além da descoberta da traição de Luísa, o que intensificava a aflição e a indignação de Jorge?

2. Que aspectos opostos do temperamento de Jorge percebemos nesse texto?

---

1 **Trem: carruagem.**
2 **Esbaforido: ofegante.**
3 **Esbraseava: avermelhava.**

Texto 10

Luísa não consegue se recuperar da última crise nervosa, depois que soube que Jorge tinha descoberto tudo. Julião faz o possível para tentar reverter a situação, mas nada consegue. Luísa morre, para desespero de Jorge e profunda tristeza dos amigos do casal.

[A hora final]

Jorge foi com ele até a porta:

— Então, doutor? — disse, agarrando-lhe com uma força desvairada o braço.

— Fez-se o que se pôde — disse o velho[1], encolhendo os ombros.

Jorge ficou estúpido[2] no patamar, vendo-o descer. As suas passadas vagarosas nos degraus caíam-lhe com uma percussão medonha no coração. Debruçou-se no corrimão, chamou-o baixo. O doutor parou, levantou os olhos; Jorge pôs as mãos para ele, com uma ansiedade humilde:

— Então não é possível mais nada?

O doutor fez um gesto vago, indicou o céu. Jorge voltou para o quarto, encostando-se às paredes. Entrou na alcova, atirou-se de joelhos aos pés da cama, e ali ficou com a cabeça entre as mãos num soluçar baixo e contínuo.

Luísa morria; os seus braços tão bonitos, que ela costumava acariciar diante do espelho, estavam já paralisados; os seus olhos, a que a paixão dera chamas e a voluptuosidade lágrimas, embaciavam-se[3] como sob a camada ligeira de uma pulverização muito fina.

Dona Felicidade e Mariana tinham acendido uma lamparina a uma gravura de Nossa Senhora das Dores, e de joelhos rezavam.

O crepúsculo triste descia; parecia trazer um silêncio funerário.

---

1   Além de Julião, um médico mais velho, o doutor Caminha, tinha sido chamado para cuidar de Luísa.
2   Estúpido: sem reação, sem saber o que fazer.
3   Embaciavam-se: estavam embaçados.

A campainha, então, tocou discretamente; e daí a momentos apareceu a figura do conselheiro Acácio.

Dona Felicidade ergueu-se logo; e, vendo as suas lágrimas, o conselheiro disse lugubremente[1]:

— Venho cumprir o meu dever; ajudar-lhes a passar este transe[2]!

Explicou "que encontrara por acaso o bom doutor Caminha, que lhe contara a fatal ocorrência"! Mas muito discretamente não quis entrar na alcova. Sentou-se numa cadeira, colocou melancolicamente o cotovelo sobre o joelho, a testa sobre a mão, dizendo baixo a dona Felicidade:

— Continue as suas orações. Deus é imperscrutável[3] em seus decretos.

Na alcova, Julião estivera tomando o pulso de Luísa; olhou então Sebastião, fez-lhe o gesto de alguma coisa que voa e desaparece... Aproximaram-se de Jorge, que não se movia, de joelhos, com a face enterrada no leito:

— Jorge — disse baixinho Sebastião.

Ele levantou o rosto desfigurado, envelhecido, os cabelos nos olhos, as olheiras escuras.

— Vá, vem — disse Julião. E vendo o espanto do seu olhar: — Não, não está morta, está naquela sonolência... Mas vem.

Ele ergueu-se, dizendo com mansidão:

— Pois sim, eu vou. Estou bem... Obrigado.

Saiu da alcova.

O conselheiro levantou-se, foi abraçá-lo com solenidade:

— Aqui estou, meu Jorge!

— Obrigado, conselheiro, obrigado.

Deu alguns passos pelo quarto; os seus olhos pareciam preocupar-se com um embrulho que estava sobre a mesa; foi apalpá-lo; desapertou as pontas, e viu os cabelos de Luísa[4]. Ficou a olhá-los, erguendo-os, passando-os de uma das mãos para outra, e disse com os beiços a tremer:

— Fazia tanto gosto neles, coitadinha!

Tornou a entrar na alcova. Mas Julião tomou-lhe o braço, queria-o afastar do leito. Ele debatia-se docemente; e, como uma vela ardia sobre a mesinha ao pé da cabeceira, disse, mostrando-a:

— Talvez a incomode a luz...

---

1 **Lugubremente:** tristemente.
2 **Transe:** momento difícil.
3 **Imperscrutável:** insondável; isto é, não se pode saber o que Deus reserva para cada um de nós.
4 **No desespero para salvá-la, Julião mandara cortar os cabelos de Luísa para tentar melhorar a ação dos remédios.**

Julião respondeu comovido:

— Já não a vê, Jorge!

Ele soltou-se da mão de Julião, foi debruçar-se sobre ela; tomou-lhe a cabeça entre as mãos com cuidado para a não magoar, esteve a olhá-la um momento; depois pousou-lhe sobre os lábios frios um beijo, outro, outro, e murmurava:

— Adeus! Adeus!

Endireitou-se, abriu os braços, caiu no chão.

Todos correram. Levaram-no para a *chaise longue*[1]. E, enquanto dona Felicidade num pranto aflito fechava os olhos de Luísa, o conselheiro, com o chapéu sempre na mão, cruzava os braços, e, oscilando a sua calva respeitável, dizia a Sebastião:

— Que profundo desgosto de família!

(Trecho do cap. 15, p. 414-416)

1. Você acha que, se Jorge realmente amasse Luísa, não poderia ter esperado mais tempo para conversar? Afinal, ele sabia que ela tinha acabado de se recuperar de uma grave crise nervosa e talvez não suportasse outra. Seria ele culpado pela morte da esposa?

2. O que levou Luísa a trair Jorge, já que os dois viviam tão bem?

3. Na sua opinião, a história narrada nesse romance poderia ocorrer nos dias de hoje? Justifique.

---

1 *Chaise longue* (em francês): **divã; poltrona longa em que se pode deitar.**

O REALISMO NA PINTURA

Assim como a literatura, a pintura também se preocupou com temas sociais, voltando-se para a representação das classes populares, dos dramas do cotidiano das gentes simples, da exploração dos trabalhadores das cidades e dos campos.

Com o Realismo, temos então um olhar voltado para a realidade imediata, para o presente. E uma nova galeria de personagens começa a ser representada na pintura. Rejeitam-se cada vez mais os temas inspirados na mitologia grega e romana, nas histórias clássicas, nos grandes vultos do passado, nas lendas e tradições religiosas. Essa renovação temática foi um importante momento na transição da arte do século XIX para o XX.

PAGAMENTO DE CAMPONESES, LÉON AUGUSTIN LHERMITTE, 1882. NESTE QUADRO DO PINTOR FRANCÊS LÉON AUGUSTIN LHERMITTE (1844-1925), VEMOS CAMPONESES RECEBENDO SEU PAGAMENTO AO FIM DE UMA DURA JORNADA DE TRABALHO. NA FIGURA DO HOMEM EM PRIMEIRO PLANO, O AUTOR EXPRESSA A EXAUSTÃO PROVOCADA PELO ESFORÇO DESPENDIDO. ESTAMOS DISTANTES DA ARTE ROMÂNTICA, QUE FREQUENTEMENTE IDEALIZAVA O TRABALHO EM PLENA NATUREZA, MOSTRANDO CAMPONESES E PASTORES ALEGRES E BONITOS. AQUI, A INTENÇÃO DO ARTISTA É MOSTRAR A VIDA SOFRIDA DO HOMEM DO CAMPO, SEM NENHUM TOQUE DE IDEALIZAÇÃO.

© Museu Dorsay, Paris

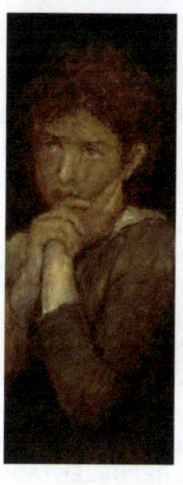

DE GREVE, HUBERT VON HERKOMER, 1891. ALÉM DE SUPORTAR AS PÉSSIMAS CONDIÇÕES DE VIDA, O OPERÁRIO CARREGAVA O MEDO DO DESEMPREGO. O QUADRO NOS SUGERE O DRAMA VIVIDO PELO HOMEM: SERÁ QUE A GREVE VAI RESULTAR EM MELHORA DE SUAS CONDIÇÕES DE VIDA? OU NÃO VAI DAR CERTO E ELE VAI SER PUNIDO COM A PERDA DO EMPREGO? O QUE TRARIA AINDA MAIS SOFRIMENTO À FAMÍLIA? SUA MULHER O ABRAÇA, DESANIMADA. A CRIANÇA QUE ESTÁ NO COLO DELA SEGURA UMA COLHER, LEMBRANDO A QUESTÃO DA FOME QUE PODERIA SOBREVIR A TODOS SE O HOMEM PERDESSE O EMPREGO. UMA MENINA, AO FUNDO, JUNTA AS MÃOS NUM GESTO DE MEDO E ANSIEDADE. HERKOMER (1849-1914), ARTISTA INGLÊS DE ORIGEM ALEMÃ, É UM DOS PRINCIPAIS PINTORES DO REALISMO.

© Museu Dorsay, Paris

AS RESPIGADEIRAS, JEAN-FRANÇOIS MILLET, 1857. O MUNDO DO TRABALHO BRAÇAL FEMININO É REPRESENTADO SEM NENHUMA IDEALIZAÇÃO PELOS PINTORES REALISTAS. A MULHER DEIXA DE SER VISTA APENAS COMO MUSA INSPIRADORA DE POETAS PARA SER MOSTRADA COMO UMA TRABALHADORA, ENVOLVIDA COM AS MAIS DURAS E VARIADAS TAREFAS DIÁRIAS. AS TERRÍVEIS CONDIÇÕES DE VIDA DE MUITAS FAMÍLIAS DO CAMPO PODEM SER VISTAS NESTE QUADRO DO FRANCÊS FRANÇOIS MILLET (1814-1875), QUE MOSTRA AS RESPIGADEIRAS, MULHERES QUE PERCORRIAM OS CAMPOS PARA PEGAR RESTOS DE GRÃOS QUE FICAVAM NO CHÃO DEPOIS DA COLHEITA. ERAM POBRES CAMPONESAS QUE VIVIAM DO QUE CONSEGUIAM ACHAR.

O QUARTO ESTADO, GIUSEPPE PELLIZZA DA VOLPEDO, 1901. O FINAL DO SÉCULO XIX PRESENCIOU TAMBÉM O CRESCIMENTO DO OPERARIADO, QUE BUSCOU ENCONTRAR FORMAS DE ASSOCIAÇÃO PARA PRESSIONAR OS PATRÕES E CONSEGUIR MELHORES CONDIÇÕES DE TRABALHO. É O QUE PODEMOS VER NO QUADRO ABAIXO, DO ITALIANO GIUSEPPE PELLIZZA (1868-1907), QUE MOSTRA UMA MARCHA DE PROTESTO DE TRABALHADORES, REVELANDO AS TENSÕES SOCIAIS DA ÉPOCA. A PRESENÇA DE MULHERES E CRIANÇAS CHAMA A ATENÇÃO PARA A QUESTÃO FAMILIAR E A DIMENSÃO SOCIAL DA EXPLORAÇÃO DOS TRABALHADORES BRAÇAIS.

CONTOS

MOINHO NA COSTA DA PICARDIA, DE CAMILLE COROT, PINTOR FRANCÊS CITADO NO PRÓXIMO CONTO DE EÇA DE QUEIRÓS.

© Galeria Ordrupgaard, Copenhague

"Ela escutava-o de olhos baixos, pasmada de se achar ali tão só com aquele homem tão robusto, toda receosa e achando um sabor delicioso ao seu receio..."

NO MOINHO

D. Maria da Piedade era considerada em toda a vila como "uma senhora modelo". O velho Nunes, diretor do correio, sempre que se falava nela, dizia, acariciando com autoridade os quatro pelos da calva[1]:

— É uma santa! É o que ela é!

---

1 Calva: **careca**.

A vila tinha quase orgulho na sua beleza delicada e tocante; era uma loura, de perfil fino, a pele ebúrnea[1], e os olhos escuros de um tom de violeta, a que as pestanas longas escureciam mais o brilho sombrio e doce. Morava ao fim da estrada, numa casa azul de três sacadas; e era, para a gente que às tardes ia fazer o giro até ao moinho, um encanto sempre novo vê-la por trás da vidraça, entre as cortinas de cassa[2], curvada sobre a sua costura, vestida de preto, recolhida e séria. Poucas vezes saía. O marido, mais velho que ela, era um inválido, sempre de cama, inutilizado por uma doença de espinha; havia anos que não descia à rua; avistavam-no às vezes também à janela murcho e trôpego[3], agarrado à bengala, encolhido na *robe de chambre*[4], com uma face macilenta[5], a barba desleixada e com um barretinho[6] de seda enterrado melancolicamente até o cachaço[7]. Os filhos, duas rapariguitas e um rapaz, eram também doentes, crescendo pouco e com dificuldade, cheios de tumores nas orelhas, chorões e tristonhos. A casa, interiormente, parecia lúgubre[8]. Andava-se nas pontas dos pés, porque o senhor, na excitação nervosa que lhe davam as insônias, irritava-se com o menor rumor; havia sobre as cômodas alguma garrafada da botica[9], alguma malga[10] com papas de linhaça; as mesmas flores com que ela, no seu arranjo e no seu gosto de frescura, ornava as mesas, depressa murchavam naquele ar abafado de febre, nunca renovado por causa das correntes de ar; e era uma tristeza ver sempre algum dos pequenos ou de emplastro sobre a orelha, ou a um canto do canapé, embrulhado em cobertores com uma amarelidão de hospital.

Maria da Piedade vivia assim, desde os vinte anos. Mesmo em solteira, em casa dos pais, a sua existência fora triste. A mãe era uma criatura desagradável e azeda; o pai, que se empenhara pelas tavernas e pelas batotas[11], já velho, sempre bêbedo, os dias que aparecia em casa passava-os à lareira, num silêncio sombrio, cachimbando e escarrando para as cinzas. Todas as semanas desancava[12] a mulher. E quando João Coutinho pediu Maria em casamento, apesar de doente já, ela acei-

---

1 Ebúrnea: **da cor do marfim.**
2 Cassa: **tecido leve de algodão ou linho.**
3 Trôpego: **que anda com dificuldade.**
4 *Robe de chambre* (em francês): **espécie de roupão usado dentro de casa.**
5 Macilenta: **pálida e magra.**
6 Barretinho: **gorrinho.**
7 Cachaço: **nuca.**
8 Lúgubre: **sombria, triste.**
9 Botica: **farmácia.**
10 Malga: **tigela.**
11 Batotas: **jogatinas.**
12 Desancava: **espancava.**

tou, sem hesitação, quase com reconhecimento, para salvar o casebre da penhora, não ouvir mais os gritos da mãe, que a faziam tremer, rezar, em cima no seu quarto, onde a chuva entrava pelo telhado. Não amava o marido, decerto; e mesmo na vila tinha-se lamentado que aquele lindo rosto de Virgem Maria, aquela figura de fada, fosse pertencer ao Joãozinho Coutinho, que desde rapaz fora sempre entrevado. O Coutinho, por morte do pai, ficara rico; e ela, acostumada por fim àquele marido rabugento, que passava o dia arrastando-se sombriamente da sala para a alcova, ter-se-ia resignado, na sua natureza de enfermeira e de consoladora, se os filhos ao menos tivessem nascido sãos e robustos. Mas aquela família que lhe vinha com o sangue viciado, aquelas existências hesitantes, que depois pareciam apodrecer-lhe nas mãos, apesar dos seus cuidados inquietos, acabrunhavam-na[1]. Às vezes só, picando a sua costura, corriam-lhe as lágrimas pela face; uma fadiga da vida invadia-a, como uma névoa que lhe escurecia a alma.

Mas se o marido de dentro chamava desesperado, ou um dos pequenos choramingava, lá limpava os olhos, lá aparecia com a sua bonita face tranquila, com alguma palavra consoladora, compondo a almofada a um, indo animar a outro, feliz em ser boa. Toda a sua ambição era ver o seu pequeno mundo bem tratado e bem acarinhado. Nunca tivera desde casada uma curiosidade, um desejo, um capricho: nada a interessava na Terra senão as horas dos remédios e o sono dos seus doentes. Todo o esforço lhe era fácil quando era para os contentar: apesar de fraca, passeava horas trazendo ao colo o pequerrucho, que era o mais impertinente, com as feridas que faziam dos seus pobres beicinhos uma crosta escura; durante as insônias do marido não dormia também, sentada ao pé da cama, conversando, lendo-lhe as *Vidas dos Santos*, porque o pobre entrevado ia caindo em devoção. De manhã estava um pouco mais pálida, mas toda correta no seu vestido preto, fresca, com os bandós[2] bem lustrosos, fazendo-se bonita para ir dar as sopas de leite aos pequerruchos. A sua única distração era à tarde sentar-se à janela com a sua costura, e a pequenada em roda aninhada no chão, brincando tristemente. A mesma paisagem que ela via da janela era tão monótona como a sua vida: embaixo a estrada, depois uma ondulação de campos, uma terra magra plantada aqui e além de oliveiras e, erguendo-se ao fundo, uma colina triste e nua, sem uma casa, uma árvore, um fumo de casal[3] que pusesse naquela solidão de terreno pobre uma nota humana e viva.

---

1 Acabrunhavam-na: entristeciam-na, mortificavam-na.
2 Bandós: cada uma das partes do cabelo que, dividido ao longo da cabeça até a nuca, arredonda-se com algum relevo dos lados da testa, em certo penteado feminino.
3 Fumo de casal: fumaça que sai da chaminé de um casal, isto é, de uma pequena propriedade rural.

Vendo-a assim tão resignada e tão sujeita, algumas senhoras da vila afirmavam que ela era beata; todavia ninguém a avistava na igreja, a não ser ao domingo, com o pequerrucho mais velho pela mão, todo pálido no seu vestido de veludo azul. Com efeito, a sua devoção limitava-se a esta missa todas as semanas. A sua casa ocupava-a muito para se deixar invadir pelas preocupações do Céu; naquele dever de boa mãe, cumprido com amor, encontrava uma satisfação suficiente à sua sensibilidade, não necessitava adorar santos ou enternecer-se com Jesus. Instintivamente mesmo pensava que toda a afeição excessiva dada ao Pai do Céu, todo o tempo gasto em se arrastar pelo confessionário ou junto do oratório, seria uma diminuição cruel do seu cuidado de enfermeira; a sua maneira de rezar era velar os filhos, e aquele pobre marido pregado numa cama, todo dependente dela, tendo-a só a ela, parecia-lhe ter mais direito ao seu fervor que o outro, pregado numa cruz, tendo para amar toda uma humanidade pronta. Além disso, nunca tivera estas sentimentalidades de alma triste que levam à devoção. O seu longo hábito de dirigir uma casa de doentes, de ser ela o centro, a força, o amparo daqueles inválidos, tornara-a terna, mas prática; e assim era ela que administrava agora a casa do marido, com um bom senso que a afeição dirigira, uma solicitude de mãe próvida[1]. Tais ocupações bastavam para entreter o seu dia: o marido, de resto, detestava visitas, o aspecto de caras saudáveis, as comiserações de cerimônia[2]; e passavam-se meses sem que em casa de Maria da Piedade se ouvisse outra voz estranha à família, a não ser a do dr. Abílio — que a adorava, e que dizia dela com os olhos esgazeados[3]:

— É uma fada! é uma fada!...

Foi por isso grande a excitação na casa, quando João Coutinho recebeu uma carta de seu primo Adrião, que lhe anunciava que em duas ou três semanas ia chegar à vila. Adrião era um homem célebre, e o marido da Maria da Piedade tinha naquele parente um orgulho enfático[4]. Assinara mesmo um jornal de Lisboa, só para ver o seu nome nas locais e na crítica. Adrião era um romancista, e o seu último livro, *Madalena*, um estudo de mulher trabalhado a grande estilo, duma análise delicada e sutil, consagrara-o como um mestre. A sua fama, que chegara

---

1 Próvida: **provedora, cuidadosa.**
2 Comiserações de cerimônia: **manifestações de lástima ou pena feitas apenas por obrigação social.**
3 Esgazeados: **arregalados.**
4 Enfático: **acentuado.**

até a vila, num vago de legenda, apresentava-o como uma personalidade interessante, um herói de Lisboa, amado das fidalgas, impetuoso e brilhante, destinado a uma alta situação no Estado. Mas realmente na vila era sobretudo notável por ser primo do João Coutinho.

D. Maria da Piedade ficou aterrada[1] com esta visita. Via já a sua casa em confusão com a presença do hóspede extraordinário. Depois a necessidade de fazer mais *toilette*, de alterar a hora do jantar, de conversar com um literato, e tantos outros esforços cruéis!... E a brusca invasão daquele mundano, com as suas malas, o fumo do seu charuto, a sua alegria de são, na paz triste do seu hospital, dava-lhe a impressão apavorada duma profanação[2]. Foi por isso um alívio, quase um reconhecimento, quando Adrião chegou e muito simplesmente se instalou na antiga estalagem do tio André, à outra extremidade da vila. João Coutinho escandalizou-se: tinha já o quarto do hóspede preparado, com lençóis de rendas, uma colcha de damasco, pratas sobre a cômoda, e queria-o todo para si, o primo, o homem célebre, o grande autor... Adrião porém recusou:

— Eu tenho os meus hábitos, vocês têm os seus... Não nos contrariemos, hem?... o que faço é vir cá jantar. De resto, não estou mal no tio André... Vejo da janela um moinho e uma represa que são um quadrozinho[3] delicioso... E ficamos amigos, não é verdade?

Maria da Piedade olhava-o assombrada: aquele herói, aquele fascinador por quem choravam mulheres, aquele poeta que os jornais glorificavam, era um sujeito extremamente simples — muito menos complicado, menos espetaculoso que o filho do recebedor! Nem formoso era: e com o seu chapéu desabado sobre uma face cheia e barbuda, a quinzena[4] de flanela caindo à larga num corpo robusto e pequeno, os seus sapatos enormes, parecia-lhe a ela um dos caçadores de aldeia que às vezes encontrava, quando de mês a mês ia visitar as fazendas do outro lado do rio. Além disso não fazia frases; e a primeira vez que veio jantar, falou apenas, com grande bonomia[5], dos seus negócios. Viera por eles. Da fortuna do pai, a única terra que não estava devorada, ou abominavelmente hipotecada, era a Curgossa, uma fazenda ao pé da vila, que andava além disso mal arrendada... o que ele desejava era vendê-la. Mas isso parecia-lhe a ele tão difícil como fazer a *Ilíada*[6]!... E lamentava sinceramente ver o primo ali, inútil sobre uma cama, sem

---

1 Aterrada: **apavorada.**
2 Profanação: **sacrilégio, ato de desrespeito.**
3 Quadrozinho: **paisagem.**
4 Quinzena: **espécie de jaquetão leve.**
5 Bonomia: **simplicidade.**
6 *Ilíada*: **célebre poema grego de Homero (séc. IX a.C.).**

o poder ajudar nesses passos a dar com os proprietários da vila. Foi por isso, com grande alegria, que ouviu João Coutinho declarar-lhe que a mulher era uma administradora de primeira ordem e hábil nestas questões como um antigo rábula[1]!...

— Ela vai contigo ver a fazenda, fala com o Teles, e arranja-te isso tudo... E na questão de preço, deixa-a a ela!...

— Mas que superioridade, prima! — exclamou Adrião maravilhado. — Um anjo que entende de cifras!

Pela primeira vez na sua existência Maria da Piedade corou com a palavra dum homem. De resto prontificou-se logo a ser a procuradora do primo...

No outro dia foram ver a fazenda. Como ficava perto, e era um dia de março fresco e claro, partiram a pé. Ao princípio, acanhada por aquela companhia de um leão[2], a pobre senhora caminhava junto dele com o ar de um pássaro assustado: apesar de ele ser tão simples, havia na sua figura enérgica e musculosa, no timbre rico da sua voz, nos seus olhos, nos seus olhos pequenos e luzidios alguma coisa de forte, de dominante, que a enleava[3]. Tinha-se-lhe prendido à orla do seu vestido um galho de silvado, e como ele se abaixara para o desprender delicadamente, o contato daquela mão branca e fina de artista na orla da sua saia incomodou-a singularmente. Apressava o passo para chegar bem depressa à fazenda, aviar[4] o negócio com o Teles e voltar imediatamente a refugiar-se, como no seu elemento próprio, no ar abafado e triste do seu hospital. Mas a estrada estendia-se, branca e longa, sob o sol tépido — e a conversa de Adrião foi-a lentamente acostumando à sua presença.

Ele parecia desolado daquela tristeza da casa. Deu-lhe alguns bons conselhos: o que os pequenos necessitavam era ar, sol, uma outra vida diversa daquele abafamento de alcova...

Ela também assim o julgava, mas quê! o pobre João, sempre que se lhe falava de ir passar algum tempo à quinta[5], afligia-se terrivelmente: tinha horror aos grandes ares e aos grandes horizontes: a natureza forte fazia-o quase desmaiar; tornara-se um ser artificial, encafuado[6] entre os cortinados da cama...

Ele então lamentou-a. Decerto poderia haver alguma satisfação num dever tão santamente cumprido... Mas, enfim, ela devia ter momentos em que desejasse alguma outra coisa além daquelas quatro paredes, impregnadas do bafo de doença...

---

1 **Rábula: advogado espertalhão.**
2 **Leão: gíria da época para designar um homem sedutor ou conquistador.**
3 **Enleava: encantava.**
4 **Aviar: resolver.**
5 **Quinta: sítio.**
6 **Encafuado: escondido, enfiado.**

— Que hei de eu desejar mais? — disse ela.

Adrião calou-se: pareceu-lhe absurdo supor que ela desejasse, realmente, o Chiado ou o Teatro da Trindade¹... No que ele pensava era noutros apetites, nas ambições do coração insatisfeito... Mas isto pareceu-lhe tão delicado, tão grave de dizer àquela criatura virginal e séria — que falou da paisagem...

— Já viu o moinho? — perguntou-lhe ela.

— Tenho vontade de o ver, se mo quiser ir mostrar², prima.

— Hoje é tarde.

Combinaram logo ir visitar esse recanto de verdura, que era o idílio³ da vila. Na fazenda, a longa conversa com o Teles criou uma aproximação maior entre Adrião e Maria da Piedade. Aquela venda que ela discutia com uma astúcia de aldeã punha entre eles como que um interesse comum. Ela falou-lhe já com menos reserva quando voltaram. Havia nas maneiras dele, dum respeito tocante, uma atração que a seu pesar a levava a revelar-se, a dar-lhe a sua confiança; nunca falara tanto a ninguém, a ninguém jamais deixara ver tanto da melancolia oculta que errava⁴ constantemente na sua alma. De resto as suas queixas eram sobre a mesma dor — a tristeza do seu interior, as doenças, tantos cuidados graves... E vinha-lhe por ele uma simpatia, como um indefinido desejo de o ter sempre presente, desde que ele se tornava assim depositário das suas tristezas.

Adrião voltou para o seu quarto, na estalagem do André, impressionado, interessado por aquela criatura tão triste e tão doce. Ela destacava sobre o mundo de mulheres que até ali conhecera, como um perfil suave de anjo gótico⁵ entre fisionomias de mesa-redonda. Tudo nela concordava deliciosamente: o ouro do cabelo, a doçura da voz, a modéstia na melancolia, a linha casta⁶, fazendo um ser delicado e tocante, a que mesmo o seu pequenino espírito burguês, certo fundo rústico de aldeã e uma leve vulgaridade de hábitos davam um encanto: era um anjo que vivia há muito tempo numa vilota⁷ grosseira e estava por muitos lados

---

1 Teatro da Trindade: sala de espetáculos que fica no bairro do Chiado, um dos mais elegantes e movimentados de Lisboa.

2 Se mo quiser ir mostrar: construção que equivale a "se me quiser ir mostrar isso, isto é, o moinho". A forma *mo* é a junção dos pronomes me + o. É um uso tipicamente lusitano e pode ocorrer com outros pronomes, como *lho* (lhe + o), *lhos* (lhe + os), *ta* (te + a) etc.

3 Idílio: local poético.

4 Errava: vagueava.

5 Anjo gótico: esculturas de anjo presentes nas igrejas medievais de estilo gótico. A comparação reforça a ideia de pureza associada à figura de Maria da Piedade quando comparada às outras mulheres. O próprio nome da personagem já sugere essa imagem de santa.

6 Linha casta: a feição pura, recatada.

7 Vilota: pequena vila.

preso às trivialidades do sítio, mas bastaria um sopro para o fazer remontar ao céu natural, aos cimos[1] puros da sentimentalidade...

Achava absurdo e infame fazer a corte[2] à prima... Mas involuntariamente pensava no delicioso prazer de fazer bater aquele coração que não estava deformado pelo espartilho[3], e de pôr enfim os seus lábios numa face onde não houvesse pós de arroz... E o que o tentava sobretudo era pensar que poderia percorrer toda a província em Portugal, sem encontrar nem aquela linha de corpo, nem aquela virgindade tocante de alma adormecida... Era uma ocasião que não voltava.

O passeio ao moinho foi encantador. Era um recanto de natureza, digno de Corot[4], sobretudo à hora do meio-dia em que eles lá foram, com a frescura da verdura[5], a sombra recolhida das grandes árvores, e toda a sorte de murmúrios de água corrente, fugindo, reluzindo entre os musgos e as pedras, levando e espalhando no ar o frio da folhagem, da relva, por onde corriam cantando. O moinho era dum alto pitoresco, com a sua velha edificação de pedra secular, a sua roda enorme, quase podre, coberta de ervas, imóvel sobre a gelada limpidez da água escura. Adrião achou-o digno duma cena de romance, ou, melhor, da morada duma fada.

Maria da Piedade não dizia nada, achando extraordinária aquela admiração pelo moinho abandonado do tio Costa. Como ela vinha um pouco cansada, sentaram-se numa escada desconjuntada de pedra, que mergulhava na água da represa os últimos degraus: e ali ficaram um momento calados, no encanto daquela frescura murmurosa, ouvindo as aves piarem nas ramas. Adrião via-a de perfil, um pouco curvada, esburacando com a ponteira do guarda-sol as ervas bravas que invadiam os degraus: era deliciosa assim, tão branca, tão loura, duma linha tão pura, sobre o fundo azul do ar; o seu chapéu era de mau gosto, o seu mantelete[6] antiquado, mas ele achava nisso mesmo uma ingenuidade picante[7]. O silêncio dos campos em redor isolava-os — e, insensivelmente, ele começou a falar-lhe baixo. Era ainda a mesma compaixão pela melancolia da sua existência naquela triste vila, pelo seu destino de enfermeira... Ela escutava-o de olhos baixos, pasmada de se achar ali tão só com aquele homem tão robusto, toda receosa e achando um sabor delicioso ao seu receio... Houve um momento em que ele falou do encanto de ficar ali para sempre na vila.

---

1 Cimos: picos, cumes.
2 Fazer a corte: assediar, cortejar.
3 Espartilho: espécie de colete usado antigamente pelas mulheres para apertar o corpo e dar-lhe elegância.
4 Camille Corot (1796-1875): pintor francês, famoso como paisagista.
5 Verdura: vegetação.
6 Mantelete: capa curta de mulher.
7 Picante: excitante.

— Ficar aqui? Para quê? — perguntou ela, sorrindo.

— Para quê? para isto, para estar sempre ao pé de si...

Ela cobriu-se de um rubor, o guarda-solinho escapou-lhe das mãos. Adrião receou tê-la ofendido, e acrescentou logo rindo:

— Pois não era delicioso?... Eu podia alugar este moinho, fazer-me moleiro... A prima havia de me dar a sua freguesia...

Isto fê-la rir; era mais linda quando ria: tudo brilhava nela, os dentes, a pele, a cor do cabelo. Ele continuou gracejando, com o seu plano de se fazer moleiro, e de ir pela estrada tocando o burro, carregado de sacas de farinha.

— E eu venho ajudá-lo, primo! — disse ela, animada pelo seu próprio riso, pela alegria daquele homem a seu lado.

— Vem? — exclamou ele. — Juro-lhe que me faço moleiro! Que paraíso, nós aqui ambos no moinho, ganhando alegremente a nossa vida, e ouvindo cantar esses melros!

Ela corou outra vez do fervor da sua voz, e recuou como se ele fosse já arrebatá-la para o moinho. Mas Adrião agora, inflamado àquela ideia, pintava-lhe na sua palavra colorida toda uma vida romanesca, de uma felicidade idílica, naquele esconderijo de verdura: de manhã, a pé cedo, para o trabalho; depois o jantar na relva à beira da água; e à noite as boas palestras ali sentados, à claridade das estrelas ou sob a sombra cálida dos céus negros de verão...

E de repente, sem que ela resistisse, prendeu-a nos braços, e beijou-a sobre os lábios, um só beijo profundo e interminável. Ela tinha ficado contra o seu peito, branca, como morta: e duas lágrimas corriam-lhe ao comprido da face. Era assim tão dolorosa e fraca, que ele soltou-a; ela ergueu-se, apanhou o guarda-solinho e ficou diante dele, com o beicinho a tremer, murmurando:

— É malfeito... É malfeito...

Ele mesmo estava tão perturbado — que a deixou descer para o caminho; e daí a um momento, seguiam ambos calados para a vila. Foi só na estalagem que ele pensou:

— Fui um tolo!

Mas no fundo estava contente da sua generosidade. À noite foi à casa dela; encontrou-a com o pequerrucho no colo, lavando-lhe em água de malva as feridas que ele tinha na perna. E então, pareceu-lhe odioso distrair aquela mulher dos seus doentes. De resto um momento como aquele no moinho não voltaria. Seria absurdo ficar ali, naquele canto odioso da província, desmoralizando, a frio, uma boa mãe... A venda da fazenda estava concluída. Por isso, no dia seguinte, apareceu de tarde, a dizer-lhe adeus: partia à noitinha na diligência; encontrou-a na sala, à janela costumada[1], com a pequenada doente aninhada contra as suas saias... Ouviu que ele partia, sem lhe mudar a cor, sem lhe arfar o peito. Mas Adrião achou-lhe a palma da mão tão fria como um mármore; e quando ele saiu, Maria da Piedade ficou voltada para a janela escondendo a face dos pequenos, olhando abstratamente a paisagem que escurecia, com as lágrimas, quatro a quatro, caindo-lhe na costura...

Amava-o. Desde os primeiros dias, a sua figura resoluta e forte, os seus olhos luzidios[2], toda a virilidade da sua pessoa, se lhe tinham apossado da imaginação. O que a encantava nele não era o seu talento, nem a sua celebridade em Lisboa, nem as mulheres que o tinham amado: isso para ela aparecia-lhe vago e pouco compreensível; o que a fascinava era aquela seriedade, aquele ar honesto e são, aquela robustez de vida, aquela voz tão grave e tão rica; e antevia, para além da sua existência ligada a um inválido, outras existências possíveis, em que se não vê sempre diante dos olhos uma face fraca e moribunda, em que as noites se não passam a esperar as horas dos remédios. Era como uma rajada de ar impregnado de todas as forças vivas da natureza que atravessava, subitamente, a sua alcova abafada, e ela respirava-a deliciosamente... Depois, tinha ouvido aquelas conversas em que ele se mostrava tão bom, tão sério, tão delicado: e à força do seu corpo, que admirava, juntava-se agora um coração terno, duma ternura varonil e forte, para a cativar... Esse amor latente invadiu-a, apoderou-se dela uma noite que lhe apareceu esta ideia, esta visão: — *Se ele fosse meu marido!* Toda ela estremeceu, apertou desesperadamente os braços contra o peito, como confundindo-se com a sua imagem evocada, prendendo-se a ela, refugiando-se na sua força... Depois ele deu-lhe aquele beijo no moinho.

E partira!

Então começou para Maria da Piedade uma existência de abandonada. Tudo de repente em volta dela — a doença do marido, achaques[3] dos filhos, tristezas do seu dia, a sua costura — lhe pareceu lúgubre. Os seus deveres, agora que não punha neles toda a sua alma, eram-lhe pesados como fardos injustos. A sua vida representava-se-lhe como desgraça excepcional: não se revoltava ainda, mas tinha desses abatimentos, dessas súbitas fadigas de todo o seu ser, em que caía sobre a cadeira, com os braços pendentes, murmurando:

— Quando se acabará isto?

---

1   Costumada: **habitual.**
2   Luzidios: **brilhantes.**
3   Achaques: **crises habituais de doença.**

Refugiava-se então naquele amor como uma compensação deliciosa. Julgando-o todo puro, todo de alma, deixava-se penetrar dele e da sua lenta influência. Adrião tornara-se, na sua imaginação, como um ser de proporções extraordinárias, tudo o que é forte, e que é belo, e que dá razão à vida. Não quis que nada do que era dele ou vinha dele lhe fosse alheio. Leu todos os seus livros, sobretudo aquela *Madalena* que também amara, e morrera dum abandono. Essas leituras calmavam-na, davam-lhe como uma vaga satisfação ao desejo. Chorando as dores das heroínas de romance, parecia sentir alívio às suas.

Lentamente, essa necessidade de encher a imaginação desses lances de amor, de dramas infelizes, apoderou-se dela. Foi durante meses um devorar constante de romances. Ia-se assim criando no seu espírito um mundo artificial e idealizado. A realidade tornava-se-lhe odiosa, sobretudo sob aquele aspecto da sua casa, onde encontrava sempre agarrado às saias um ser enfermo. Vieram as primeiras revoltas. Tornou-se impaciente e áspera. Não suportava ser arrancada aos episódios sentimentais do seu livro, para ir ajudar a voltar o marido[1] e sentir-lhe o hálito mau. Veio-lhe o nojo das garrafadas[2], dos emplastros, das feridas dos pequenos a lavar. Começou a ler versos. Passava horas só, num mutismo[3], à janela, tendo sob o seu olhar de virgem loura toda a rebelião duma apaixonada. Acreditava nos amantes que escalam os balcões, entre o canto dos rouxinóis: e queria ser amada assim, possuída num mistério de noite romântica...

O seu amor desprendeu-se pouco a pouco da imagem de Adrião e alargou-se, estendeu-se a um ser vago que era feito de tudo o que a encantara nos heróis de novela; era um ente meio príncipe e meio facínora, que tinha, sobretudo, a força. Porque era isto que admirava, que queria, por que ansiava nas noites cálidas em que não podia dormir — dois braços fortes como aço, que a apertassem num abraço mortal, dois lábios de fogo que, num beijo, lhe chupassem a alma. Estava uma histérica.

Às vezes, ao pé do leito do marido, vendo diante de si aquele corpo de tísico[4], numa imobilidade de entrevado, vinha-lhe um ódio torpe[5], um desejo de lhe apressar a morte...

E no meio desta excitação mórbida[6] do temperamento irritado, eram fraquezas súbitas, sustos de ave que pousa, um grito ao ouvir bater uma porta, uma

---

1 **Ajudar a voltar o marido: ajudar a virar o marido na cama.**
2 **Garrafadas: medicamentos que vêm em garrafas.**
3 **Mutismo: mudez, silêncio.**
4 **Tísico: tuberculoso.**
5 **Torpe: infame, sórdido.**
6 **Mórbida: doentia.**

palidez de desmaio se havia na sala flores muito cheirosas... À noite abafava; abria a janela, mas o cálido ar, o bafo morno da terra aquecida do sol, enchiam-na dum desejo intenso, duma ânsia voluptuosa, cortada de crises de choro.

A Santa tornava-se Vênus[1].

E o romanticismo mórbido tinha penetrado naquele ser, e desmoralizara-o tão profundamente, que chegou ao momento em que bastaria que um homem lhe tocasse, para ela lhe cair nos braços — e foi o que sucedeu enfim, com o primeiro que a namorou, daí a dois anos. Era o praticante[2] da botica.

Por causa dele escandalizou toda a vila. E agora, deixa a casa numa desordem, os filhos sujos e ramelosos, em farrapos, sem comer até altas horas, o marido a gemer abandonado na sua alcova, toda a trapagem[3] dos emplastros por cima das cadeiras, tudo num desamparo torpe — para andar atrás do homem, um maganão[4] odioso e sebento, de cara balofa e gordalhufa, luneta preta com grossa fita passada atrás da orelha e bonezinho de seda posto à catita[5]. Vem de noite às entrevistas[6] de chinelo de ourelo[7], cheira a suor e pede-lhe dinheiro emprestado para sustentar uma Joana, criatura obesa, a quem chamam na vila a *bola de unto*[8].

1. Como era a vida de Maria da Piedade? O seu nome tem alguma relação com seu comportamento? Justifique.
2. Que fato mudou completamente a vida de Maria da Piedade? Por quê?
3. Que explicação o narrador dá para a mudança de comportamento de Maria da Piedade?
4. Essa explicação pode ser considerada um exemplo do Naturalismo que marcou a literatura no final do século XIX? Por quê?

---

1 Vênus: **deusa do amor na mitologia grega.**
2 Praticante: **aprendiz.**
3 Trapagem: **porção de trapos.**
4 Maganão: **conquistador.**
5 À catita: **de forma elegante.**
6 Entrevistas: **encontros amorosos.**
7 Ourelo: **fita de pano grosso com que se fazem sapatos ou chinelos próprios para o inverno.**
8 Bola de unto: **bola de banha.**

Dos olhos, que na cidade eu lhe conhecera sempre crepusculares, saltava agora um brilho de meio-dia, decidido e largo, que mergulhava francamente na beleza das coisas. Já não passava as mãos murchas sobre a face — batia com elas rijamente na coxa... Que sei eu?! Era uma reencarnação.

CIVILIZAÇÃO

I

Eu possuo preciosamente um amigo (o seu nome é Jacinto) que nasceu num palácio, com quarenta contos de renda em pingues[1] terras de pão, azeite e gado.

---

1 Pingues: lucrativas.

Desde o berço, onde sua mãe, senhora gorda e crédula de Trás-os-Montes, espalhava, para reter as fadas benéficas, funcho e âmbar¹, Jacinto fora sempre mais resistente e são que um pinheiro das dunas. Um lindo rio, murmuroso e transparente, com um leito muito liso de areia muito branca, refletindo apenas pedaços lustrosos de um céu de verão ou ramagens sempre verdes e de bom aroma, não ofereceria, àquele que o descesse numa barca cheia de almofadas e de champanhe gelado, mais doçura e facilidades do que a vida oferecia ao meu camarada Jacinto. Não teve sarampo e não teve lombrigas. Nunca padeceu, mesmo na idade em que se lê Balzac e Musset², os tormentos da sensibilidade. Nas suas amizades foi sempre tão feliz como o clássico Orestes³. Do Amor só experimentara o mel, esse mel que o amor invariavelmente concede a quem o pratica, como as abelhas, com ligeireza e mobilidade. Ambição, sentira somente a de compreender bem as ideias gerais, e a "ponta do seu intelecto" (como diz o velho cronista medieval) não estava ainda romba⁴ nem ferrugenta⁵... E todavia, desde os vinte e oito anos, Jacinto já se vinha repastando⁶ de Schopenhauer⁷, do *Eclesiastes*⁸, de outros pessimistas menores, e três, quatro vezes por dia, bocejava, com um bocejo cavo⁹ e lento, passando os dedos finos sobre as faces, como se nelas só palpasse palidez e ruína. Por quê?

Era ele, de todos os homens que conheci, o mais complexamente civilizado — ou antes aquele que se munira da mais vasta soma de civilização material, ornamental e intelectual. Nesse palácio (floridamente chamado o *Jasmineiro*) que seu pai, também Jacinto, construíra sobre uma honesta casa do século XVII, assoalhada a pinho e branqueada a cal — existia, creio eu, tudo quanto para bem do espírito ou da matéria os homens têm criado, através da incerteza e dor, desde que abandonaram o vale feliz de Septa-Sindu, a Terra das Águas Fáceis, o doce país ariano. A biblioteca, que em duas salas, amplas e claras como praças, forrava as

---

1 Funcho e âmbar: o funcho é uma planta aromática; o âmbar é uma substância perfumada.
2 Balzac e Musset: escritores franceses — Honoré de Balzac (1799-1850), romancista; Alfred de Musset (1810-1857), poeta.
3 Orestes: personagem da mitologia grega, tinha uma grande amizade por Pílades, seu primo.
4 Romba: com a ponta quebrada.
5 Ferrugenta: enferrujada.
6 Repastando: alimentando.
7 Schopenhauer (1788-1860): filósofo alemão cujos escritos expressam uma visão pessimista da condição humana.
8 *Eclesiastes*: um dos livros da Bíblia, que também é conhecido pelo tom pessimista.
9 Cavo: de som cavernoso.

paredes, inteiramente, desde os tapetes de Caramânia[1] até o teto de onde, alternadamente, através de cristais, o sol e a eletricidade vertiam uma luz estudiosa e calma — continha vinte e cinco mil volumes, instalados em ébano, magnificamente revestidos de marroquim[2] escarlate. Só sistemas filosóficos (e com justa prudência, para poupar espaço, o bibliotecário apenas colecionara os que irreconciliavelmente se contradizem) havia mil oitocentos e dezessete!

Uma tarde que eu desejava copiar um ditame de Adam Smith[3], percorri, buscando este economista ao longo das estantes, oito metros de economia política! Assim se achava formidavelmente abastecido o meu amigo Jacinto de todas as obras essenciais da inteligência — e mesmo da estupidez. E o único inconveniente desse monumental armazém do saber era que todo aquele que lá penetrava, inevitavelmente lá adormecia, por causa das poltronas, que, providas de finas pranchas móveis para sustentar o livro, o charuto, o lápis das notas, a taça de café, ofereciam ainda uma combinação oscilante e flácida de almofadas, onde o corpo encontrava logo, para mal do espírito, a doçura, a profundidade e a paz estirada dum leito.

Ao fundo, e como um altar-mor, era o gabinete de trabalho de Jacinto. A sua cadeira, grave e abacial[4], de couro, com brasões, datava do século XIV, e em torno dela pendiam numerosos tubos acústicos, que, sobre os panejamentos de seda cor de musgo e cor de hera, pareciam serpentes adormecidas e suspensas num velho muro de quinta[5]. Nunca recordo sem assombro a sua mesa, recoberta toda de sagazes e sutis instrumentos para cortar papel, numerar páginas, colar estampilhas, aguçar[6] lápis, raspar emendas, imprimir datas, derreter lacre, cintar documentos, carimbar contas! Uns de níquel, outros de aço, rebrilhantes e frios, todos eram de um manejo laborioso e lento: alguns, com as molas rígidas, as pontas vivas, trilhavam e feriam; e nas largas folhas de papel Whatman em que ele escrevia, e que custavam 500 réis, eu por vezes surpreendi gotas de sangue do meu amigo. Mas a todos ele considerava indispensáveis para compor as suas cartas (Jacinto não compunha obras), assim como os trinta e cinco dicionários, e os manuais, e as enciclopédias, e os guias, e os diretórios, atulhando uma estante isolada, esguia,

---

1 **Caramânia:** região que hoje pertence à Turquia.
2 **Marroquim:** pele de cabra ou bode, preparada para artefatos.
3 **Adam Smith (1723-1790):** filósofo e economista inglês.
4 **Abacial:** própria de abade, que é uma autoridade superior eclesiástica.
5 **Quinta:** sítio.
6 **Aguçar:** apontar.

em forma de torre, que silenciosamente girava sobre o seu pedestal, e que eu denominara o *Farol*. O que, porém, mais completamente imprimia àquele gabinete um portentoso carácter de civilização eram, sobre as suas peanhas[1] de carvalho, os grandes aparelhos, facilitadores do pensamento, — a máquina de escrever, os autocopistas, o telégrafo Morse, o fonógrafo, o telefone, o teatrofone, outros ainda, todos com metais luzidios, todos com longos fios. Constantemente sons curtos e secos retiniam no ar morno daquele santuário. *Tique, tique, tique! Dlim, dlim, dlim! Craque, craque, craque! Trrre, trrre, trrre!...* Era o meu amigo comunicando. Todos esses fios mergulhados em forças universais transmitiam forças universais. E elas nem sempre, desgraçadamente, se conservavam domadas e disciplinadas! Jacinto recolhera no fonógrafo a voz do conselheiro Pinto Porto, uma voz oracular[2] e rotunda[3], no momento de exclamar com respeito, com autoridade:

— *Maravilhosa invenção! Quem não admirará os progressos deste século?*

Pois, numa doce noite de S. João, o meu supercivilizado amigo, desejando que umas senhoras parentas de Pinto Porto (as amáveis Gouveias) admirassem o fonógrafo, fez romper do bocarrão do aparelho, que parece uma trompa, a conhecida voz rotunda e oracular:

— *Quem não admirará os progressos deste século?*

Mas, inábil ou brusco, certamente desconcertou alguma mola vital — porque de repente o fonógrafo começa a redizer, sem descontinuação, interminavelmente, com uma sonoridade cada vez mais rotunda, a sentença do conselheiro:

— *Quem não admirará os progressos deste século?*

Debalde Jacinto, pálido, com os dedos trêmulos, torturava o aparelho. A exclamação recomeçava, rolava, oracular e majestosa:

— *Quem não admirará os progressos deste século?*

Enervados, retiramos para uma sala distante, pesadamente revestida de panos de Arrás[4]. Em vão! A voz de Pinto Porto lá estava, entre os panos de Arrás, implacável e rotunda:

— *Quem não admirará os progressos deste século?*

---

1 **Peanhas:** pedestais.
2 **Oracular:** referente a oráculo, local onde, na antiguidade, as pessoas consultavam os deuses, que falavam pela boca das sacerdotisas. Neste trecho, é um sentido irônico, como se a voz do aparelho fosse a de uma divindade.
3 **Rotunda:** categórica, que não admite contestação.
4 **Panos de Arrás:** tapeçaria antiga para ornar paredes de salas. Arrás é uma cidade francesa famosa por sua produção têxtil desde a Idade Média.

Furiosos, enterramos uma almofada na boca do fonógrafo, atiramos por cima mantas, cobertores espessos, para sufocar a voz abominável. Em vão! Sob a mordaça, sob as grossas lãs, a voz rouquejava, surda mas oracular:

— Quem não admirará os progressos deste século?

As amáveis Gouveias tinham abalado, apertando desesperadamente os xales sobre a cabeça. Mesmo à cozinha, onde nos refugiamos, a voz descia, engasgada e gosmosa:

— Quem não admirará os progressos deste século?

Fugimos espavoridos para a rua.

Era de madrugada. Um fresco[1] bando de raparigas, de volta das fontes, passava cantando com braçados de flores:

> *Todas as ervas são bentas*
> *Em manhã de S. João...*

Jacinto, respirando o ar matinal, limpava as bagas lentas do suor. Recolhemos ao *Jasmineiro*, com o sol já alto, já quente. Muito de manso abrimos as portas, como no receio de despertar alguém. Horror! Logo da antecâmara percebemos sons estrangulados, roufenhos: *"admirará... progressos... século?"* Só de tarde um eletricista pôde emudecer aquele fonógrafo horrendo.

Bem mais aprazível (para mim) do que esse gabinete temerosamente atulhado de civilização — era a sala de jantar, pelo seu arranjo compreensível, fácil e íntimo. À mesa só cabiam seis amigos que Jacinto escolhia com critério na literatura, na arte e na metafísica, e que, entre as tapeçarias de Arrás, representando colinas, pomares e portos da Ática[2], cheias de classicismo e de luz, renovavam ali repetidamente banquetes que, pela sua intelectualidade, lembravam os de Platão[3]. Cada garfada se cruzava com um pensamento ou com palavras destramente arranjadas em forma de pensamento.

E a cada talher correspondiam seis garfos, todos de feitios dessemelhantes e astuciosos: um para as ostras, outro para o peixe, outro para as carnes, outro para os legumes, outro para a fruta, outro para o queijo. Os copos, pela diversidade dos contornos e das cores, faziam, sobre a toalha mais reluzente que esmalte, como ramalhetes silvestres espalhados por cima de neve. Mas Jacinto e os

---

1 Fresco: irrequieto.
2 Ática: região da Grécia onde se situa a capital Atenas.
3 Platão (428 a.C.-348 a. C.): famoso filósofo grego.

seus filósofos, lembrando o que o experiente Salomão[1] ensina sobre as ruínas e amarguras do vinho, bebiam apenas em três gotas de água uma gota de Bordéus (Chateaubriand, 1860). Assim o recomendam — Hesíodo no seu *Nereu*, e Díocles nas suas *Abelhas*[2]. E de águas havia sempre no *Jasmineiro* um luxo redundante — águas geladas, águas carbonatadas, águas esterilizadas, águas gasosas, águas de sais, águas minerais, outras ainda, em garrafas sérias, com tratados terapêuticos impressos no rótulo... O cozinheiro, mestre Sardão, era daqueles que Anaxágoras[3] equiparava aos Retóricos, aos Oradores, a todos os que sabem a arte divina de "temperar e servir a Ideia": e em Síbaris[4], cidade do Viver Excelente, os magistrados teriam votado a mestre Sardão, pelas festas de Juno Lacinia[5], a coroa de folhas de ouro e a túnica milésia[6] que se devia aos benfeitores cívicos. A sua sopa de alcachofras e ovas de carpa; os seus filetes de veado macerados em velho Madeira com purê de nozes; as suas amoras geladas em éter, outros acepipes[7] ainda, numerosos e profundos (e os únicos que tolerava o meu Jacinto) eram obras de um artista, superior pela abundância das ideias novas — e juntavam sempre a raridade do sabor à magnificência da forma. Tal prato desse mestre incomparável parecia, pela ornamentação, pela graça florida dos lavores[8], pelo arranjo dos coloridos frescos e cantantes, uma joia esmaltada do cinzel de Cellini ou Meurice[9]. Quantas tardes eu desejei fotografar aquelas composições de excelente fantasia, antes que o trinchante[10] as retalhasse! E esta superfinidade do comer condizia deliciosamente com a do servir. Por sobre um tapete, mais fofo e mole que o musgo da floresta da Brocelianda, deslizavam, como sombras fardadas de branco, cinco criados e um pajem preto, à maneira vistosa do século XVIII. As travessas (de prata) subiam da cozinha e da copa por dois ascensores[11], um para as iguarias quentes, forrado de tubos onde a água fervia; outro, mais lento, para as iguarias frias, forrado de zinco, amônia e sal, e ambos escondidos por flores tão densas e viçosas,

---

1 **Salomão: um dos mais famosos reis de Israel. Observe que esta e as próximas referências históricas exageram a sofisticação dos jantares e dão ao texto um tom satírico.**
2 Hesíodo (séc. VIII a.C.) e Díocles (séc. III a.C.): **poeta e matemático gregos, respectivamente.**
3 Anaxágoras (500 a.C.-428 a.C.): **filósofo grego.**
4 Síbaris: **antiga cidade grega no sul da Itália atual, famosa pelo luxo e riqueza de seus cidadãos.**
5 Juno Lacinia: **divindade romana.**
6 Milésia: **relativo à antiga cidade grega de Mileto.**
7 Acepipes: **iguarias.**
8 Lavores: **ornamentos.**
9 **Cellini e Meurice: o italiano Benvenuto Cellini (1500-1571) e o francês Froment Meurice (1802-1855) foram dois artistas da ourivesaria.**
10 Trinchante: **faca grande que serve para cortar ou trinchar carnes.**
11 Ascensores: **elevadores.**

que era como se até a sopa saísse fumegando dos românticos jardins de *Armida*[1]. E muito bem me lembro de um domingo de maio em que, jantando com Jacinto um bispo, o erudito bispo de Corazim, o peixe emperrou no meio do ascensor, sendo necessário que acudissem, para o extrair, pedreiros com alavancas.

II

Nas tardes em que havia "banquete de Platão" (que assim denominávamos essas festas de trufas e ideias gerais), eu, vizinho e íntimo, aparecia ao declinar do sol e subia familiarmente aos quartos do nosso Jacinto — onde o encontrava sempre incerto entre as suas casacas, porque as usava alternadamente de seda, de pano, de flanelas Jaegher, e de *foulard*[2] das Índias. O quarto respirava o frescor e aroma do jardim por duas vastas janelas, providas magnificamente (além das cortinas de seda mole Luís XV) de uma vidraça exterior de cristal inteiro, duma vidraça interior de cristais miúdos, dum toldo rolando na cimalha[3], dum estore[4] de sedinha frouxa, de gazes que franziam e se enrolavam como nuvens e duma gelosia[5] móvel de gradaria mourisca[6]. Todos estes resguardos (sábia invenção de *Holland & C.ª*, de Londres) serviam a graduar a luz e o ar — segundo os avisos de termômetros, barômetros e higrômetros, montados em ébano, e a que um meteorologista (Cunha Guedes) vinha, todas as semanas, verificar a precisão.

Entre estas duas varandas rebrilhava a mesa de *toilette*, uma mesa enorme de vidro, toda de vidro, para a tornar impenetrável aos micróbios, e coberta de todos esses utensílios de asseio e alinho[7] que o homem do século XIX necessita numa capital, para não desfear[8] o conjunto suntuário[9] da civilização. Quando o nosso Jacinto, arrastando as suas engenhosas chinelas de pelica e seda, se acercava desta ara[10] — eu, bem aconchegado num divã, abria com indolência uma revista, ordinariamente a *Revista Eletropática*, ou a das *Indagações Psíquicas*. E Jacinto começava... Cada um desses utensílios de aço, de marfim, de prata, impunham

---

1 *Armida*: título de uma ópera do compositor austríaco Joseph Haydn (1732-1809).
2 *Foulard* (em francês): lenço de seda para o pescoço.
3 Cimalha: saliência em que se assentam os beirais do telhado.
4 Estore: persiana.
5 Gelosia: grade que se põe em vãos de janelas ou portas para se proteger da luz e do calor.
6 Gradaria mourisca: grade ao estilo mouro ou árabe.
7 Alinho: elegância.
8 Desfear: enfear.
9 Suntuário: suntuoso, luxuoso.
10 Ara: altar. Observe a ironia do narrador, que compara a mesa de *toilette* a uma espécie de local sagrado, onde todos os dias ocorre uma cerimônia religiosa.

ao meu amigo, pela influência onipoderosa que as coisas exercem sobre o dono (*sunt tyranniae rerum*[1]), o dever de o utilizar com aptidão e deferência. E assim as operações do alindamento[2] de Jacinto apresentavam a prolixidade[3], reverente e insuprimível, dos ritos dum sacrifício[4].

Começava pelo cabelo... Com uma escova chata, redonda e dura, acamava[5] o cabelo, corredio[6] e louro, no alto, aos lados da risca; com uma escova estreita e recurva, à maneira do alfange[7] dum persa, ondeava o cabelo sobre a orelha; com uma escova côncava, em forma de telha, empastava o cabelo, por trás, sobre a nuca... Respirava e sorria. Depois, com uma escova de longas cerdas, fixava o bigode; com uma escova leve e flácida acurvava as sobrancelhas; com uma escova feita de penugem regularizava as pestanas. E deste modo Jacinto ficava diante do espelho, passando pelos sobre o seu pelo, durante catorze minutos.

Penteado e cansado, ia purificar as mãos. Dois criados, ao fundo, manobravam com perícia e vigor os aparelhos do lavatório — que era apenas um resumo dos maquinismos monumentais da sala de banho. Ali, sobre o mármore verde e róseo do lavatório, havia apenas duas duchas (quente e fria) para a cabeça; quatro jatos, graduados desde *zero até cem graus*; o vaporizador de perfumes; o repuxo para a barba; e ainda torneiras que rebrilhavam e botões de ébano que, de leve roçados, desencadeavam o marulho[8] e o estridor de torrentes[9] nos Alpes... Nunca eu, para molhar os dedos, me cheguei àquele lavatório sem terror — escarmentado[10] da tarde amarga de janeiro em que bruscamente, dessoldada a torneira, o jato de água *a cem graus* rebentou, silvando e fumegando, furioso, devastador... Fugimos todos, espavoridos. Um clamor atroou[11] o *Jasmineiro*. O velho Grilo, escudeiro que fora do Jacinto pai, ficou coberto de ampolas na face, nas mãos fiéis.

Quando Jacinto acabava de se enxugar laboriosamente a toalhas de felpo, de linho, de corda entrançada (para restabelecer a circulação), de seda frouxa (para lustrar a pele), bocejava, com um bocejo cavo e lento.

---

1 *Sunt tyranniae rerum* (em latim): "é a tirania das coisas".
2 Alindamento: **embelezamento.**
3 Prolixidade: **nesta passagem, significa complexidade.**
4 Ritos dum sacrifício: **cerimônia de um sacrifício religioso. Novamente, o narrador ironiza e satiriza os exageros de Jacinto, cuja preparação lembra as etapas de um ritual religioso.**
5 Acamava: **arrumava em camadas.**
6 Corredio: **liso.**
7 Alfange: **pequena espada larga e curva.**
8 Marulho: **barulho das águas.**
9 Estridor de torrentes: **estrondo de correntes impetuosas de água.**
10 Escarmentado: **cauteloso (por já ter tido uma experiência desagradável).**
11 Atroou: **retumbou, ecoou.**

E era este bocejo, perpétuo e vago, que nos inquietava a nós, seus amigos e filósofos. Que faltava a este homem excelente? Ele tinha a sua inabalável saúde de pinheiro bravo, crescido nas dunas; uma luz da inteligência, própria a tudo alumiar, firme e clara, sem tremor ou morrão[1]; quarenta magníficos contos de renda; todas as simpatias duma cidade chasqueadora[2] e cética[3]; uma vida varrida de sombras, mais liberta e lisa do que um céu de verão... E todavia bocejava constantemente, palpava na face, com os dedos finos, a palidez e as rugas. Aos trinta anos Jacinto corcovava[4], como sob um fardo injusto! E pela morosidade desconsolada de toda a sua ação parecia ligado, desde os dedos até a vontade, pelas malhas apertadas duma rede que se não via e que o travava. Era doloroso testemunhar o fastio[5] com que ele, para apontar um endereço, tomava o seu lápis pneumático, a sua pena elétrica — ou, para avisar o cocheiro, apanhava o tubo telefônico!... Neste mover lento do braço magro, nos vincos que lhe arrepanhavam o nariz[6], mesmo nos seus silêncios, longos e derreados[7], se sentia o brado constante que lhe ia na alma: — *Que maçada*[8]*! Que maçada!* Claramente a vida era para Jacinto um cansaço — ou por laboriosa[9] e difícil, ou por desinteressante e oca. Por isso o meu pobre amigo procurava constantemente juntar à sua vida novos interesses, novas facilidades. Dois inventores, homens de muito zelo e pesquisa, estavam encarregados, um em Inglaterra, outro na América, de lhe noticiar e de lhe fornecer todas as invenções, as mais miúdas, que concorressem a aperfeiçoar a confortabilidade do *Jasmineiro*. De resto, ele próprio se correspondia com Edison[10]. E, pelo lado do pensamento, Jacinto não cessava também de buscar interesses e emoções que o reconciliassem com a vida — penetrando à cata dessas emoções e desses interesses pelas veredas mais desviadas do saber, a ponto de devorar, desde janeiro a março, setenta e sete volumes sobre a *evolução das ideias morais entre as raças negroides*. Ah! nunca homem deste século batalhou mais esforçadamente contra a seca[11] *de viver!* Debalde[12]! Mesmo de explorações tão cativantes como essa, através da moral dos negroides, Jacinto regressava mais murcho, com bocejos mais cavos!

---

1 **Morrão: mecha, isto é, a inteligência de Jacinto é comparada a uma vela sem mecha, que, por isso, não poderia nunca apagar.**
2 **Chasqueadora: zombeteira.**
3 **Cética: pessimista, descrente.**
4 **Corcovava: andava curvado.**
5 **Fastio: tédio, aborrecimento.**
6 **Vincos que lhe arrepanhavam o nariz: marcas que enrugavam seu nariz.**
7 **Derreados: desanimados.**
8 **Maçada: chatice, tédio.**
9 **Laboriosa: trabalhosa.**
10 **Thomas Edison (1847-1931): famoso inventor norte-americano.**
11 **Seca: maçada, aborrecimento.**
12 **Debalde: em vão.**

E era então que ele se refugiava intensamente na leitura de Schopenhauer e do *Eclesiastes*. Por quê? Sem dúvida porque ambos esses pessimistas o confirmavam nas conclusões que ele tirava de uma experiência paciente e rigorosa: "que tudo é vaidade ou dor, que, quanto mais se sabe, mais se pena e que ter sido rei de Jerusalém e obtido os gozos todos na vida só leva a maior amargura...". Mas por que rolara assim a tão escura desilusão? O velho escudeiro Grilo pretendia que "Sua Ex.ª sofria de fartura!".

III

Ora justamente depois desse Inverno, em que ele se embrenhara na moral dos negroides[1] e instalara a luz elétrica entre os arvoredos do jardim, sucedeu que Jacinto teve a necessidade moral iniludível[2] de partir para o Norte, para o seu velho solar[3] de Torges. Jacinto não conhecia Torges, e foi com desusado tédio que ele se preparou, durante sete semanas, para essa jornada agreste. A quinta[4] fica nas serras — e a rude casa solarenga, onde ainda resta uma torre do século XV, estava ocupada, havia trinta anos, pelos caseiros, boa gente de trabalho, que comia o seu caldo entre a fumaraça da lareira, e estendia o trigo a secar nas salas senhoriais.

Jacinto, logo nos começos de março, escrevera cuidadosamente ao seu procurador Sousa, que habitava a aldeia de Torges, ordenando-lhe que compusesse os telhados, caiasse os muros, envidraçasse as janelas. Depois mandou expedir, por comboios[5] rápidos, em caixotes que transpunham a custo os portões do *Jasmineiro*, todos os confortos necessários a duas semanas de montanha — camas de penas, poltronas, divãs, lâmpadas de Carcel, banheiras de níquel, tubos acústicos para chamar os escudeiros, tapetes persas para amaciar os soalhos. Um dos cocheiros partiu com um cupê[6], uma vitória[7], um breque[8], mulas e guizos.

Depois foi o cozinheiro, com a bateria, a garrafeira, a geleira, bocais de trufas, caixas profundas de águas minerais. Desde o amanhecer, nos pátios largos do palacete, se pregava, se martelava, como na construção de uma cidade. E as baga-

---

1 **Se embrenhara na moral dos negroides:** se metera naquele assunto sobre a moral dos negroides.
2 **Iniludível:** aqui tem o sentido de inadiável, de algo que não se pode deixar para depois.
3 **Solar:** grande residência de família nobre ou rica.
4 **Quinta:** sítio.
5 **Comboios:** trens.
6 **Cupê:** carruagem puxada por uma parelha, isto é, dois cavalos.
7 **Vitória:** carruagem de quatro rodas, para dois passageiros, com cobertura dobrável, puxada por cavalos.
8 **Breque:** carruagem de quatro rodas, com um assento elevado na frente e dois bancos atrás, um de frente para o outro.

gens, desfilando, lembravam uma página de Heródoto¹ ao narrar a invasão persa. Jacinto emagrecera com os cuidados daquele Êxodo². Por fim, largamos numa manhã de junho, com o Grilo e trinta e sete malas.

Eu acompanhava Jacinto, no meu caminho para Guilães, onde vive minha tia, a uma légua farta de Torges: e íamos num vagão reservado, entre vastas almofadas, com perdizes e champanhe num cesto. A meio da jornada devíamos mudar de comboio — nessa estação, que tem um nome sonoro em *ola* e um tão suave e cândido jardim de roseiras brancas. Era domingo de imensa poeira e sol — e encontramos aí, enchendo a plataforma estreita, todo um povaréu festivo que vinha da romaria de S. Gregório da Serra.

Para aquele trasbordo³, em tarde de arraial, o horário só nos concedia três minutos avaros. O outro comboio já esperava, rente aos alpendres, impaciente e silvando. Uma sineta badalava com furor. E, sem mesmo atender às lindas moças que ali saracoteavam, aos bandos, afogueadas, de lenços flamejantes, o seio farto coberto de ouro, e a imagem do santo espetada no chapéu — corremos, empurramos, furamos, saltamos para o outro vagão, já reservado, marcado por um cartão com as iniciais de Jacinto. Imediatamente o trem rolou. Pensei então no nosso Grilo, nas trinta e sete malas! E debruçado da portinhola avistei ainda junto ao cunhal⁴ da estação, sob os eucaliptos, um monte de bagagens, e homens de boné agaloado⁵ que, diante delas, bracejavam⁶ com desespero.

Murmurei, recaindo nas almofadas:

— Que serviço!

Jacinto, ao canto, sem descerrar⁷ os olhos, suspirou:

— Que maçada!

Toda uma hora deslizamos lentamente entre trigais e vinhedo; e ainda o sol batia nas vidraças, quente e poeirento, quando chegamos à estação de Gondim, onde o procurador de Jacinto, o excelente Sousa, nos devia esperar com cavalos para treparmos a serra até o solar de Torges. Por trás do jardim da estação, todo florido também de rosas e margaridas, Jacinto reconheceu logo as suas carruagens ainda empacotadas em lona.

---

1 Heródoto (484 a.C.-420 a.C.): famoso historiador grego. Mais uma vez, observa-se o tom irônico com que é narrada a preparação da viagem, reforçada pela alusão ao êxodo, logo em seguida.
2 Êxodo: movimento de saída de uma multidão que vai viver em outro lugar; é uma alusão irônica ao famoso êxodo do povo hebreu do Egito em busca da terra prometida, narrado no Antigo Testamento.
3 Trasbordo: baldeação, passagem de um trem para outro durante uma viagem.
4 Cunhal: esquina.
5 Agaloado: enfeitado com galão.
6 Bracejavam: agitavam os braços.
7 Descerrar: abrir.

Mas quando nos apeamos no pequeno cais branco e fresco — só houve em torno de nós solidão e silêncio... Nem procurador, nem cavalos! O chefe da estação, a quem eu perguntara com ansiedade "se não aparecera ali o Sr. Sousa, se não conhecia o Sr. Sousa", tirou afavelmente o seu boné de galão. Era um moço gordo e redondo, com cores de maçã-camoesa, que trazia sob o braço um volume de versos. "Conhecia perfeitamente o Sr. Sousa! Três semanas antes jogara ele a manilha[1] com o Sr. Sousa! Nessa tarde, porém, infelizmente, não avistara o Sr. Sousa!" O comboio desaparecera por detrás das fragas[2] altas que ali pendem sobre o rio. Um carregador enrolava o cigarro, assobiando. Rente da grade do jardim, uma velha, toda de negro, dormitava agachada no chão, diante duma cesta de ovos. E o nosso Grilo, e as nossas bagagens!... O chefe encolheu risonhamente os ombros nédios[3]. Todos os nossos bens tinham encalhado, decerto, naquela estação de roseiras brancas que tem um nome sonoro em *ola*. E nós ali estávamos, perdidos na serra agreste, sem procurador, sem cavalos, sem Grilo, sem malas.

Para que esfiar miudamente[4] o lance lamentável? Ao pé da estação, numa quebrada da serra, havia um casal foreiro[5] à quinta, onde alcançamos para nos levarem e nos guiarem a Torges, uma égua lazarenta, um jumento branco, um rapaz e um podengo[6]. E aí começamos a trepar, enfastiadamente[7], esses caminhos agrestes — os mesmos, decerto, por onde vinham e iam, de monte a rio, os Jacintos do século XV. Mas, passada uma trêmula ponte de pau que galga um ribeiro[8] todo quebrado por fragas (e onde abunda a truta adorável), os nossos males esqueceram, ante a inesperada, incomparável beleza daquela serra bendita. O divino artista que está nos Céus compusera, certamente, esse monte numa das suas manhãs de mais solene e bucólica inspiração.

A grandeza era tanta como a graça... Dizer os vales fofos de verdura, os bosques quase sacros[9], os pomares cheirosos e em flor, a frescura das águas cantantes, as ermidinhas[10] branqueando nos altos, as rochas musgosas, o ar de uma doçura de paraíso, toda a majestade e toda a lindeza — não é para mim, homem de pequena arte. Nem creio mesmo que fosse para mestre Horácio[11]. Quem pode

---

1 Manilha: **um tipo de jogo de cartas.**
2 Fragas: **penhascos, rochedos.**
3 Nédios: **lustrosos, brilhantes.**
4 Miudamente: **em detalhes, minuciosamente.**
5 Casal foreiro: **pequena propriedade dentro da quinta; nesse caso, chama-se foreiro porque os moradores pagam uma certa quantia anual ao dono da quinta.**
6 Podengo: **cão próprio para a caça de coelhos.**
7 Enfastiadamente: **de modo entediado, aborrecido.**
8 Ponte de pau que galga um ribeiro: **ponte de madeira por cima de um riacho.**
9 Sacros: **sagrados.**
10 Ermidinhas: **igrejinhas ou capelas isoladas.**
11 Horácio (65 a.C.-8 a.C.): **famoso poeta latino.**

AS BELAS PAISAGENS DAS SERRAS DE PORTUGAL DESLUMBRARAM JACINTO, UM HOMEM QUE VIVIA FECHADO NA SUA MANSÃO LUXUOSA, COM TODOS OS CONFORTOS DE UMA VIDA MODERNA E SOFISTICADA.

dizer a beleza das coisas, tão simples e inexprimível? Jacinto adiante, na égua tarda[1], murmurava:

— Ah! Que beleza!

Eu atrás, no burro, com as pernas bambas, murmurava:

— Ah! Que beleza!

Os espertos regatos riam, saltando de rocha em rocha. Finos ramos de arbustos floridos roçavam as nossas faces, com familiaridade e carinho. Muito tempo um melro[2] nos seguiu, de choupo[3] a castanheiro, assobiando os nossos louvores. Serra bem acolhedora e amável... Ah! Que beleza!

Por entre *ahs* maravilhados chegamos a uma avenida de faias[4], que nos pareceu clássica e nobre. Atirando uma nova vergastada[5] ao burro e à égua, o nosso rapaz, com o seu podengo ao lado, gritava:

— Aqui é que *estêmos*[6]!

---

1 Tarda: **vagarosa.**
2 Melro: **pássaro com plumagem negra e canto melodioso.**
3 Choupo: **álamo, um tipo de árvore.**
4 Faias: **um tipo de árvore.**
5 Vergastada: **chicotada.**
6 Estêmos: **estamos. O narrador procura reproduzir a fala típica dos moradores daquela região serrana.**

E ao fundo das faias havia, com efeito, um portão de quinta, que um escudo de armas de velha pedra, roída de musgo, grandemente afidalgava[1]. Dentro já os cães ladravam com furor. E mal Jacinto, e eu atrás dele no burro de Sancho[2], transpusemos o limiar solarengo, correu para nós, do alto da escadaria, um homem branco, rapado como um clérigo, sem colete, sem jaleca, que erguia para o ar, num assombro, os braços desolados. Era o caseiro, o Zé Brás. E logo ali, nas pedras do pátio, entre o latir dos cães, surdiu[3] uma tumultuosa história, que o pobre Brás balbuciava, aturdido, e que enchia a face de Jacinto de lividez[4] e cólera. O caseiro não esperava S. Ex.ª. Ninguém esperava S. Ex.ª. (Ele dizia *sua incelência*).

O procurador, o Sr. Sousa, estava para a raia[5] desde maio, a tratar a mãe que levara um coice de mula. E decerto houvera engano, cartas perdidas... Porque o Sr. Sousa só contava com S. Ex.ª em setembro, para a vindima[6]. Na casa nenhuma obra começara. E, infelizmente para S. Ex.ª, os telhados ainda estavam sem telhas, e as janelas sem vidraças...

Cruzei os braços, num justo espanto. Mas os caixotes — esses caixotes remetidos para Torges, com tanta prudência, em abril, repletos de colchões, de regalos, de civilização!... O caseiro, vago, sem compreender, arregalava os olhos miúdos onde já bailavam lágrimas. Os caixotes?! Nada chegara, nada aparecera. E na sua perturbação o Zé Brás procurava entre as arcadas do pátio, nas algibeiras das pantalonas[7]... Os caixotes? Não, não tinha os caixotes!

Foi então que o cocheiro de Jacinto (que trouxera os cavalos e as carruagens) se acercou, gravemente. Esse era um civilizado — e acusou logo o governo. Já quando ele servia o Sr. Visconde de S. Francisco se tinham assim perdido, por desleixo do governo, da cidade para a serra, dois caixotes com vinho velho da Madeira e roupa branca de senhora. Por isso ele, escarmentado, sem confiança na Nação, não largara as carruagens — e era tudo o que restava a S. Ex.ª: o breque, a vitória, o cupé e os guizos. Somente, naquela rude montanha, não havia estradas onde elas rolassem. E como só podiam subir para a quinta em grandes carros de bois — ele lá as deixara embaixo, na estação, quietas, empacotadas na lona...

Jacinto ficara plantado diante de mim, com as mãos nos bolsos:

— E agora?

---

1   Afidalgava: **dava ares de lugar fidalgo, nobre.**
2   Burro de Sancho: **alusão a Sancho Pança, personagem da novela *D. Quixote*, do espanhol Miguel de Cervantes (1547-1616). Nessa obra, o pobre escudeiro Sancho acompanha seu amo e cavaleiro D. Quixote pelas mais extravagantes aventuras.**
3   Surdiu: **brotou, nasceu.**
4   Lividez: **palidez.**
5   Raia: **fronteira da região, isto é, bem longe.**
6   Vindima: **colheita.**
7   Nas algibeiras das pantalonas: **nos bolsos das calças.**

Nada restava senão recolher, cear o caldo do tio Zé Brás e dormir nas palhas que os fados[1] nos concedessem. Subimos. A escadaria nobre conduzia a uma varanda, toda coberta, em alpendre, acompanhando a fachada do casarão e ornada, entre os seus grossos pilares de granito, por caixotes cheios de terra, em que floriam cravos. Colhi um cravo. Entramos. E o meu pobre Jacinto contemplou, enfim, as salas do seu solar! Eram enormes, com as altas paredes rebocadas a cal que o tempo e o abandono tinham enegrecido, e vazias, desoladamente nuas, oferecendo apenas como vestígio de habitação e de vida, pelos cantos, algum monte de cestos ou algum molho[2] de enxadas. Nos tetos remotos de carvalho negro alvejavam manchas — que era o céu já pálido do fim da tarde, surpreendido através dos buracos do telhado. Não restava uma vidraça. Por vezes, sob os nossos passos, uma tábua podre rangia e cedia.

Paramos, enfim, na última, a mais vasta, onde havia duas arcas tulheiras[3] para guardar o grão; e aí depusemos, melancolicamente, o que nos ficara de trinta e sete malas — os paletós alvadios[4], uma bengala e um *Jornal da Tarde*. Através das janelas desvidraçadas, por onde se avistavam copas de arvoredos e as serras azuis de além-rio, o ar entrava, montesino[5] e largo, circulando plenamente como em um eirado[6], com aromas de pinheiro bravo. E, lá debaixo, dos vales, subia, desgarrada e triste, uma voz de pegureira[7] cantando. Jacinto balbuciou:

— É horroroso!

Eu murmurei:

— É campestre!

IV

O Zé Brás, no entanto, com as mãos na cabeça, desaparecera a ordenar a ceia para *suas incelências*. O pobre Jacinto, esbarrondado[8] pelo desastre, sem resistência contra aquele brusco desaparecimento de toda a civilização, caíra pesadamente sobre o poial[9] duma janela, e dali olhava os montes. E eu, a quem aqueles ares

---

1 Fados: destino.
2 Molho (ó): monte.
3 Arcas tulheiras: arcas onde se guardam cereais em grãos.
4 Alvadios: esbranquiçados.
5 Montesino: montanhesco; que vem da montanha.
6 Eirado: terreno aberto junto a uma casa.
7 Pegureira: pastora; mulher guardadora de gado.
8 Esbarrondado: quebrado, despedaçado.
9 Poial: assento de madeira, pedra etc., unido à parede ou muro de entrada de uma casa.

serranos e o jantar do pegureiro sabiam bem[1], terminei por descer à cozinha, conduzido pelo cocheiro, através das escadas e becos, onde a escuridão vinha menos do crepúsculo do que de densas teias de aranha.

A cozinha era uma espessa massa de tons e formas negras, cor de fuligem, onde refulgia ao fundo, sobre o chão de terra, uma fogueira vermelha que lambia grossas panelas de ferro, e se perdia em fumarada pela grade escassa que no alto coava a luz. Aí um bando alvoroçado e palreiro[2] de mulheres depenava frangos, batia ovos, escarolava[3] arroz, com santo fervor... Do meio delas o bom caseiro, estonteado, investiu para mim jurando que "a ceia de suas *incelências* não demorava um credo[4]". E como eu o interrogava a respeito de camas, o digno Brás teve um murmúrio vago e tímido sobre "enxergazinhas[5] no chão".

— É o que basta, Sr. Zé Brás — acudi eu para o consolar.

— Pois assim Deus seja servido! — suspirou o homem excelente, que atravessava, nessa hora, o transe[6] mais amargo da sua vida serrana.

Voltando acima, com estas consolantes[7] novas de ceia e cama, encontrei ainda o meu Jacinto no poial da janela, embebendo-se todo da doce paz crepuscular, que lenta e caladamente se estabelecia sobre vela e monte. No alto já tremeluzia uma estrela, a Vésper diamantina[8], que é tudo o que neste céu cristão resta do esplendor corporal de Vênus[9]! Jacinto nunca considerara bem aquela estrela — nem assistira a este majestoso e doce adormecer das coisas. Esse enegrecimento de montes e arvoredos, casais[10] claros fundindo-se na sombra, um toque dormente de sino que vinha pelas quebradas, o cochichar das águas entre relvas baixas — eram para ele como iniciações. Eu estava defronte, no outro poial. E senti-o suspirar como um homem que enfim descansa.

Assim nos encontrou nesta contemplação o Zé Brás, com o doce aviso de que estava na mesa a *ceiazinha*. Era adiante, noutra sala mais nua, mais negra. E aí, o meu supercivilizado Jacinto recuou com um pavor genuíno. Na mesa de pinho, recoberta com uma toalha de mãos, encostada à parede sórdida[11], uma vela de

---

1 Sabiam bem: **eram agradáveis.**
2 Palreiro: **que fala muito; conversadeiro.**
3 Escarolava: **limpava, descascava.**
4 Não demoravam um credo: **não demoravam o tempo de se rezar o credo, uma oração católica.**
5 Enxergazinhas: **diminutivo de enxerga, cama tosca e pobre.**
6 Transe: **momento difícil.**
7 Consolantes: **consoladoras.**
8 Diamantina: **brilhante como um diamante.**
9 Vênus: **Vésper, na verdade, é o planeta Vênus, nome da deusa do amor na mitologia grega.**
10 Casais: **pequenas propriedades rurais.**
11 Sórdida: **suja.**

sebo meio derretida num castiçal de latão alumiava dois pratos de louça amarela, ladeados por colheres de pau e por garfos de ferro. Os copos, de vidro grosso e baço, conservavam o tom roxo do vinho que neles passara em fartos anos de fartas vindimas. O covilhete[1] de barro com as azeitonas deleitaria[2], pela sua singeleza ática[3], o coração de Diógenes[4]. Na larga broa estava cravado um facalhão[5]... Pobre Jacinto!

Mas lá abancou resignado, e muito tempo, pensativamente, esfregou com o seu lenço o garfo negro e a colher de pau. Depois, mudo, desconfiado, provou um gole curto do caldo, que era de galinha e rescendia. Provou, e levantou para mim, seu companheiro e amigo, uns olhos largos que luziam, surpreendidos. Tornou a sorver uma colherada de caldo, mais cheia, mais lenta... E sorriu, murmurando com espanto:

— Está bom!

Estava realmente bom: tinha fígado e tinha moela; o seu perfume enternecia. Eu, três vezes, com energia, ataquei aquele caldo; foi Jacinto que rapou a sopeira. Mas já, arredando a broa, arredando a vela, o bom Zé Brás pousara na mesa uma travessa vidrada, que trasbordava de arroz com favas[6]. Ora, apesar da fava (que os gregos chamaram *ciboria*) pertencer às épocas superiores da civilização, e promover tanto a sapiência que havia em Sício, na Galácia[7], um templo dedicado a Minerva[8] Ciboriana — Jacinto sempre detestara favas. Tentou todavia uma garfada tímida. De novo os seus olhos, alargados pelo assombro, procuraram os meus. Outra garfada, outra concentração... E eis que o meu dificílimo amigo exclama:

— Está ótimo!

Eram os picantes ares da serra? Era a arte deliciosa daquelas mulheres que embaixo remexiam as panelas, cantando o *Vira, meu bem*? Não sei — mas os louvores de Jacinto a cada travessa foram ganhando em amplidão e firmeza. E diante do frango louro, assado no espeto de pau, terminou por bradar:

— Está divino!

Nada porém o entusiasmou como o vinho, o vinho caindo de alto, da grossa caneca verde, um vinho gostoso, penetrante, vivo, quente, que tinha em si mais alma que muito poema ou livro santo! Mirando à luz de sebo o copo rude que ele

---

1 **Covilhete: tigelinha.**
2 **Deleitaria: agradaria muito.**
3 **Ática: simples e elegante.**
4 **Diógenes (412 a.C.-323 a.C.): filósofo grego que valorizava a vida simples e autêntica, livre das convenções sociais e despojada de coisas supérfluas.**
5 **Facalhão: facão.**
6 **Favas: certo tipo de leguminosa, parecida com o feijão.**
7 **Galácia: antiga província do Império Romano, localizada hoje na atual Turquia.**
8 **Minerva: deusa da sabedoria na mitologia grega.**

orlava de espuma, eu recordava o dia geórgico em que Virgílio, em casa de Horácio, sob a ramada, cantava o fresco palhete da Rética[1]. E Jacinto, com uma cor que eu nunca vira na sua palidez schopenháurica[2], sussurrou logo o doce verso:

Rethica quo te carmina dicat.

Quem dignamente te cantará, vinho daquelas serras?!

Assim jantamos deliciosamente, sob os auspícios do Zé Brás. E depois voltamos para as alegrias únicas da casa, para as janelas desvidraçadas, a contemplar silenciosamente um suntuoso céu de verão, tão cheio de estrelas que todo ele parecia uma densa poeirada de ouro vivo, suspensa, imóvel, por cima dos montes negros. Como eu observei ao meu Jacinto, na cidade nunca se olham os astros por causa dos candeeiros[3] — que os ofuscam e nunca se entra por isso numa completa comunhão com o universo. O homem nas capitais pertence à sua casa, ou se o impelem fortes tendências de sociabilidade, ao seu bairro. Tudo o isola e o separa da restante natureza — os prédios obstrutores de seis andares, a fumaça das chaminés, o rolar moroso e grosso dos ônibus[4], a trama encarceradora da vida urbana... Mas que diferença, num cimo de monte, como Torges? Aí todas essas belas estrelas olham para nós de perto, rebrilhando, à maneira de olhos conscientes, umas fixamente, com sublime indiferença, outras ansiosamente, com uma luz que palpita, uma luz que chama, como se tentassem revelar os seus segredos ou compreender os nossos... E é impossível não sentir uma solidariedade perfeita entre esses imensos mundos e os nossos pobres corpos. Todos somos obra da mesma vontade. Todos vivemos da ação dessa vontade imanente[5]. Todos, portanto, desde os Uranos[6] até os Jacintos, constituímos modos diversos de um ser único, e através das suas transformações somamos na mesma unidade. Não há ideia mais consoladora do que esta — que eu, e tu, e aquele monte, e o Sol que, agora, se esconde, somos moléculas do mesmo Todo, governadas pela mesma Lei, rolando para o mesmo Fim. Desde logo se somem as responsabilidades torturantes do individualismo. Que somos nós? Formas sem força, que uma Força impele. E há um descanso delicioso nesta certeza, mesmo fugitiva, de que se é o grão de pó irresponsável e passivo que vai levado no grande vento, ou a gota perdida na torrente! Jacinto

---

1 **Palhete da Rética:** palhete é o vinho tinto pouco carregado na cor. A Rética é uma antiga província romana que hoje se situa na Suíça. Nessa passagem, há várias alusões irônicas a figuras da antiguidade romana. Virgílio (70 a.C.-19 a.C.) foi um famoso poeta romano. Entre outras obras, escreveu *As geórgicas*, poemas que tratam de vários aspectos do trabalho rural. Horácio, como já vimos, foi outro famoso poeta romano dessa época.

2 **Schopenháurica:** que se refere ao filósofo pessimista Schopenhauer.

3 **Candeeiros:** lampiões.

4 **Ônibus:** carruagem pública para muitos passageiros.

5 **Imanente:** essencial, intrínseca.

6 **Uranos:** habitantes do planeta Urano.

concordava, sumido na sombra. Nem ele nem eu sabíamos os nomes desses astros admiráveis. Eu, por causa da maciça e indesbastável[1] ignorância de bacharel, com que saí do ventre de Coimbra[2], minha mãe espiritual. Jacinto, porque na sua ponderosa biblioteca tinha *trezentos e dezoito* tratados sobre astronomia! Mas que nos importava, de resto, que aquele astro além se chamasse Sírio e aquele outro Aldebarã? Que lhes importava a eles que um de nós fosse José e o outro Jacinto? Éramos formas transitórias do mesmo ser eterno — e em nós havia o mesmo Deus. E se eles também assim o compreendiam, estávamos ali, nós à janela num casarão serrano, eles no seu maravilhoso infinito, perfazendo um ato sacrossanto, um perfeito ato de Graça — que era sentir conscientemente a nossa unidade e realizar, durante um instante, na consciência, a nossa divinização.

Assim enevoadamente[3] filosofávamos — quando Zé Brás, com uma candeia na mão, veio avisar que "estavam preparadas as camas de *suas incelências*...". Da idealidade descemos gostosamente à realidade[4], e que vimos então nós, os irmãos dos astros? Em duas salas tenebrosas e côncavas, duas enxergas, postas no chão, a um canto, com duas cobertas de chita; à cabeceira um castiçal de latão, pousado sobre um alqueire[5], e aos pés, como lavatório, um alguidar vidrado[6] em cima de uma cadeira de pau!

Em silêncio, o meu supercivilizado amigo palpou a sua enxerga e sentiu nela a rigidez dum granito. Depois, correndo pela face descaída os dedos murchos, considerou que, perdidas as suas malas, não tinha nem chinelas nem roupão! E foi ainda o Zé Brás que providenciou, trazendo ao pobre Jacinto, para ele desafogar os pés, uns tremendos tamancos de pau, e para ele embrulhar o corpo, docemente educado em Síbaris, uma camisa da caseira, enorme, de estopa mais áspera que estamenha de penitente[7], e com folhos crespos e duros como lavores em madeira[8]... Para o consolar, lembrei que Platão, quando compunha o *Banquete*[9],

---

1 Indesbastável: **impossível de ser desbastada, eliminada.**
2 Coimbra: **famosa universidade portuguesa, ironicamente citada pelo narrador nessa passagem.**
3 Enevoadamente: **de forma meio confusa.**
4 Da idealidade descemos gostosamente à realidade: **das divagações sobre o universo voltamos, com prazer, ao mundo concreto.**
5 Alqueire: **recipiente quadrado, geralmente de madeira e com duas asas, usado para medir um alqueire de cereais.**
6 Alguidar vidrado: **vaso de barro vitrificado, usado como bacia.**
7 Estamenha de penitente: **tecido grosseiro usado pelas pessoas que fazem penitência.**
8 Folhos crespos e duros como lavores em madeira: **adornos de pregas ásperos e duros como se fossem ornamentos de madeira em relevo.**
9 *Banquete*: **título de uma das obras do filósofo Platão.**

Xenofonte[1], quando comandava os Dez Mil, dormiam em piores catres[2]. As enxergas austeras fazem as fortes almas — e é só vestido de estamenha que se penetra no Paraíso.

— Tem você — murmurou o meu amigo, desatento e seco — alguma coisa que eu leia?... Eu não posso adormecer sem ler!

Eu possuía apenas o número do *Jornal da Tarde*, que rasguei pelo meio e partilhei com ele fraternalmente. E quem não viu então Jacinto, senhor de Torges, acaçapado[3] à borda da enxerga, junto da vela que pingava sobre o alqueire, com os pés nus encafuados nos grossos socos[4], perdido dentro da camisa da patroa, toda em folhos, percorrendo na metade do *Jornal da Tarde*, com os olhos turvos, os anúncios dos paquetes[5] — não pode saber o que é uma vigorosa e real imagem do desalento[6]!

Assim o deixei — e daí a pouco, estendido na minha enxerga também espartana[7], subia, através dum sonho jovial e erudito, ao planeta Vênus, onde encontrava, entre os olmos e os ciprestes, num vergel[8], Platão e Zé Brás, em alta camaradagem intelectual, bebendo o vinho da Rética pelos copos de Torges! Travamos todos três bruscamente uma controvérsia sobre o século XIX. Ao longe, por entre uma floresta de roseiras mais altas que carvalhos, alvejavam os mármores duma cidade e ressoavam cantos sacros. Não recordo o que Xenofonte sustentou acerca da civilização e do fonógrafo. De repente tudo foi turbado por fuscas nuvens, através das quais eu distinguia Jacinto, fugindo num burro que ele impelia furiosamente com os calcanhares, com uma vergasta, com berros, para os lados do *Jasmineiro*!

V

Cedo, de madrugada, sem rumor, para não despertar Jacinto que, com as mãos sobre o peito, dormia placidamente no seu leito de granito, parti para Guiães. E durante três quietas semanas, naquela vila onde se conservam os hábitos e as ideias do tempo de El-Rei D. Dinis, não soube do meu desconsolado amigo, que decerto fugira dos seus tetos esburacados e remergulhara na civilização. Depois,

---

1 Xenofonte (430 a.C.-355 a.C.): **historiador e general grego.**
2 Catres: **camas pobres e rústicas.**
3 Acaçapado: **encolhido.**
4 Pés nus encafuados nos grossos socos: **pés enfiados em grossos tamancos.**
5 Paquetes: **navios de comércio que transportavam correspondência, passageiros e mercadorias.**
6 Desalento: **desânimo.**
7 Espartana: **dura, desconfortável. Comparação irônica com o modo de vida dos guerreiros da antiga cidade de Esparta, famosos por seus hábitos rígidos e sua vida dura, sem confortos.**
8 Vergel: **jardim.**

por uma abrasada manhã de agosto, descendo de Guiães, de novo trilhei a avenida de faias e entrei o portão solarengo de Torges, entre o furioso latir dos rafeiros[1]. A mulher do Zé Brás apareceu alvoroçada à porta da tulha[2]. E a sua nova foi logo que o Sr. D. Jacinto (em Torges, o meu amigo tinha *dom*) andava lá embaixo com o Sousa nos campos de Freixomil.

— Então, ainda cá está o Sr. D. Jacinto?!

Sua incelência ainda estava em Torges — e *sua incelência* ficava para a vindima!... Justamente eu reparava que as janelas do solar tinham vidraças novas; e a um canto do pátio pousavam baldes de cal; uma escada de pedreiro ficara arrimada contra a varanda; e num caixote aberto, ainda cheio de palha de empacotar, dormiam dois gatos.

— E o Grilo apareceu?

— O Sr. Grilo está no pomar, à sombra.

— Bem! e as malas?

— O Sr. D. Jacinto já tem o seu saquinho de couro...

Louvado Deus! O meu Jacinto estava, enfim, provido de civilização! Subi contente. Na sala nobre, onde o soalho fora composto e esfregado, encontrei uma mesa recoberta de oleado, prateleiras de pinho com louça branca de Barcelos[3] e cadeiras de palhinha, orlando as paredes muito caiadas que davam uma frescura de capela nova. Ao lado, noutra sala, também de faiscante alvura, havia o conforto inesperado de três cadeiras de verga da Madeira, com braços largos e almofadas de chita; sobre a mesa de pinho, o papel almaço, o candeeiro de azeite, as penas de pato espetadas num tinteiro de frade pareciam preparadas para um estudo calmo e ditoso de humanidades: e na parede, suspensa de dois pregos, uma estantezinha continha quatro ou cinco livros, folheados e usados, o *D. Quixote*, um Virgílio, uma *História de Roma*, as *Crônicas* de Froissart[4]. Adiante era certamente o quarto de D. Jacinto, um quarto claro e casto de estudante, com um catre de ferro, um lavatório de ferro, a roupa pendurada de cabides toscos. Tudo resplandecia de asseio e ordem. As janelas cerradas defendiam do sol de agosto, que escaldava fora os peitoris de pedra. Do soalho, borrifado de água, subia uma fresquidão consoladora. Num velho vaso azul um molho de cravos alegrava e perfumava. Não havia um rumor. Torges dormia no esplendor da sesta. E envolvido naquele repouso de convento remoto, terminei por me estender numa cadeira de verga[5] junto à mesa, abri languidamente o Virgílio, murmurando:

---

1   Rafeiros: **cães pastores.**
2   Tulha: **celeiro.**
3   Barcelos: **cidade portuguesa famosa por seus trabalhos de cerâmica.**
4   Jean Froissart (1337-1405): **cronista medieval francês.**
5   Cadeira de verga: **cadeira feita de ripa, peça de madeira comprida, estreita e fina.**

Fortunate Jacinthe! tu inter arva nota
Et fontes sacros frigus captabis opacum[1].

Já mesmo irreverentemente adormecera sobre o divino bucolista[2], quando me despertou um brado amigo. Era o nosso Jacinto. E imediatamente o comparei a uma planta, meio murcha e estiolada[3], no escuro, que fora profusamente regada e revivera em pleno sol. Não corcovava. Sobre a sua palidez de supercivilizado, o ar da serra ou a reconciliação com a vida tinha espalhado um tom trigueiro e forte que o virilizava soberbamente. Dos olhos, que na cidade eu lhe conhecera sempre crepusculares, saltava agora um brilho de meio-dia, decidido e largo, que mergulhava francamente na beleza das coisas. Já não passava as mãos murchas sobre a face — batia com elas rijamente na coxa... Que sei eu?! Era uma reencarnação. E tudo o que me contou, pisando alegremente com os sapatos brancos o soalho, foi que se sentira, ao fim de três dias em Torges, como desanuviado, mandara comprar um colchão macio, reunira cinco livros nunca lidos, e ali estava...

— Para todo o verão?

— Para todo o sempre! E agora, homem das cidades, vem almoçar umas trutas que eu pesquei, e compreende enfim o que é o Céu.

As trutas eram, com efeito, celestes. E apareceu também uma salada fria de couve-flor e vagens, e um vinho branco de Azães... Mas quem condignamente vos cantará, comeres e beberes daquelas serras?

De tarde, finda a calma[4], passeamos pelos caminhos, coleando[5] a vasta quinta, que vai de vales a montes. Jacinto parava a contemplar com carinho os milhos altos. Com a mão espalmada e forte batia no tronco dos castanheiros, como nas costas de amigos recuperados. Todo o fio de água, todo o tufo de erva, todo o pé de vinha o ocupava como vidas filiais que cantavam em certos choupos. Exclamava enternecido:

— Que encanto, a flor do trevo!

À noite, depois de um cabrito assado no forno, a que mestre Horácio teria dedicado uma ode[6] (talvez mesmo um carme heroico[7]), conversamos sobre o des-

---

1 O narrador faz uma brincadeira, incluindo Jacinto nos versos em que o poeta Virgílio exalta a beleza da vida campestre.
2 Divino bucolista: alusão irônica a Virgílio, autor de poemas que formam o livro chamado *Bucólicas*, nos quais se fala da vida feliz dos pastores.
3 Estiolada: enfraquecida, debilitada.
4 Calma: período mais quente do dia.
5 Coleando: serpenteando, andando em ziguezague.
6 Ode: na antiguidade, composição poética para ser cantada.
7 Carme heroico: poema em que se narram grandes feitos de heróis.

tino e a vida. Eu citei, com discreta malícia, Schopenhauer e o *Eclesiastes*... Mas Jacinto ergueu os ombros, com seguro desdém. A sua confiança nesses dois sombrios explicadores da vida desaparecera, e irremediavelmente, sem poder mais voltar, como uma névoa que o Sol espalha. Tremenda tolice! afirmar que a vida se compõe, meramente, duma longa ilusão — é erguer um aparatoso[1] sistema sobre um ponto especial e estreito da vida, deixando fora do sistema toda a vida restante, como uma contradição permanente e soberba. Era como se ele, Jacinto, apontando para uma urtiga, crescida naquele pátio, declarasse, triunfalmente: — "Aqui está uma urtiga! Toda a quinta de Torges, portanto, é uma massa de urtigas". — Mas bastaria que o hóspede erguesse os olhos para ver as searas, os pomares e os vinhedos!

De resto, desses dois ilustres pessimistas, um, o alemão, que conhecia ele da vida — dessa vida de que fizera, com doutoral majestade, uma teoria definitiva e dolente[2]? Tudo o que pode conhecer quem, como este genial farsante, viveu cinquenta anos numa soturna hospedaria de província, levantando apenas os óculos dos livros para conversar, à mesa-redonda, com os alferes[3] da guarnição! E o outro, o israelita, o homem dos *Cantares*[4], o muito pedantesco rei de Jerusalém, só descobre que a vida é uma ilusão aos setenta e cinco anos, quando o poder lhe escapa das mãos trêmulas e o seu serralho de trezentas concubinas se torna ridiculamente supérfluo à sua carcaça frígida. Um dogmatiza[5] funebremente sobre o que não sabe — e o outro sobre o que não pode. Mas que se dê a esse bom Schopenhauer uma vida tão completa e cheia como a de César[6], e onde estará o seu schopenhauerismo? Que se restitua a esse sultão, besuntado de literatura, que tanto edificou e professorou em Jerusalém, a sua virilidade — e onde estará o *Eclesiastes*? De resto, que importa bendizer ou maldizer a vida? Afortunada ou dolorosa, fecunda ou vã, ela tem de ser vida. Loucos aqueles que, para a atravessar, se embrulham desde logo em pesados véus de tristeza e desilusão, de sorte que na sua estrada tudo lhe seja negrume, não só as léguas realmente escuras, mas mesmo aquelas em que cintila um sol amável. Na terra tudo vive — e só o homem sente a dor e a desilusão da vida. E tanto mais as sente, quanto mais alarga e acumula a obra dessa inteligência que o torna homem, e que o separa da restante natureza, impensante e inerte[7]. É no máximo de civilização que ele experimenta o

---

1 Aparatoso: **pomposo.**
2 Dolente: **lastimosa, cheia de dor e lamento.**
3 Alferes: **oficial subalterno.**
4 *Cantares*: **título do livro de poemas de amor atribuído ao rei Salomão e que faz parte da Bíblia.**
5 Dogmatiza: **afirma como uma verdade inquestionável.**
6 Júlio César (100 a.C.-44 a.C.): **famoso político e general romano.**
7 Impensante e inerte: **que não pensa e não se move.**

máximo de tédio. A sapiência, portanto, está em recuar até esse honesto mínimo de civilização, que consiste em ter um teto de colmo[1], uma leira[2] de terra e o grão para nela semear. Em resumo, para reaver a felicidade, é necessário regressar ao Paraíso — e ficar lá, quieto, na sua folha de vinha, inteiramente desguarnecido de civilização, contemplando o anho[3] aos saltos entre o tomilho[4], e sem procurar, nem com o desejo, a árvore funesta da Ciência! *Dixi*[5]!

Eu escutava, assombrado, este Jacinto novíssimo. Era verdadeiramente uma ressurreição no magnífico estilo de Lázaro[6]. Ao *surge et ambula*[7] que lhe tinham sussurrado as águas e os bosques de Torges, ele erguia-se do fundo da cova do Pessimismo, desembaraçava-se das suas casacas de Poole[8], et *ambulabat*[9], e começava a ser ditoso. Quando recolhi ao meu quarto, àquelas horas honestas que convém ao campo e ao otimismo, tomei entre as minhas a mão já firme do meu amigo e, pensando que ele enfim alcançara a verdadeira realeza, porque possuía a verdadeira liberdade, gritei-lhe os meus parabéns à maneira do moralista de Tíbure:

Vive et regna, fortunate Jacinthe![10]

Daí a pouco, através da porta aberta que nos separava, senti uma risada fresca, moça, genuína e consolada[11]. Era Jacinto que lia o *D. Quixote*. Oh bem-aventurado Jacinto! Conservava o agudo poder de criticar, e recuperara o dom divino de rir!

Quatro anos vão passados. Jacinto ainda habita Torges. As paredes do seu solar continuam bem caiadas, mas nuas.

De inverno enverga um gabão de briche[12] e acende um braseiro. Para chamar o Grilo ou a moça, bate as mãos, como fazia Catão[13]. Com os seus deliciosos vagares, já leu a *Ilíada*. Não faz a barba. Nos caminhos silvestres, para e fala com as crianças. Todos os casais da serra o bendizem. Ouço que vai casar com uma forte, sã e bela rapariga de Guiães. Decerto crescerá ali uma tribo, que será grata ao Senhor!

---

1 Colmo: **palha.**
2 Leira: **pequeno campo onde se pode plantar.**
3 Anho: **cordeiro.**
4 Tomilho: **planta aromática usada como tempero culinário.**
5 *Dixi* (em latim): **tenho dito.**
6 Lázaro: **personagem bíblico ressuscitado por Jesus.**
7 *Surge et ambula* (em latim): **levanta-te e anda; palavras ditas por Jesus diante do túmulo de Lázaro.**
8 Casacas de Poole: **casacas feitas pelo alfaiate inglês Henry Poole, que, no século XIX, abriu uma loja de roupas finas em Londres, frequentada pela aristocracia europeia.**
9 *Et ambulabat* (em latim): **e andava.**
10 *Vive et regna, fortunate Jacinthe!* (em latim): **vive e reina, afortunado Jacinto!**
11 Consolada: **alegre, contente.**
12 Gabão de briche: **capote de tecido de lã grosseiro.**
13 Catão (234 a.C.-149 a.C.): **político romano famoso por sua austeridade e simplicidade de vida.**

Como ele, recentemente, me mandou pedir livros da sua livraria (uma *Vida de Buda*, uma *História da Grécia* e as obras de S. Francisco de Sales), fui, depois destes quatro anos, ao *Jasmineiro* deserto. Cada passo meu sobre os fofos tapetes de Caramânia soou triste como num chão de mortos. Todos os brocados[1] estavam engelhados, esgaçados[2]. Pelas paredes pendiam, como olhos fora de órbitas, os botões elétricos das campainhas e das luzes — e havia vagos fios de arame, soltos, enroscados, onde a aranha regalada e reinando tecera teias espessas. Na livraria, todo o vasto saber dos séculos jazia numa imensa mudez, debaixo duma imensa poeira. Sobre as lombadas dos sistemas filosóficos alvejava o bolor; vorazmente a traça devastara as Histórias Universais; errava ali um cheiro mole de literatura apodrecida — e eu abalei, com o lenço no nariz, certo de que naqueles vinte mil volumes não restava uma verdade viva! Quis lavar as mãos, maculadas pelo contato com estes detritos de conhecimentos humanos. Mas os maravilhosos aparelhos do lavatório, da sala de banho, enferrujados, perros[3], dessoldados[4], não largaram uma gota de água; e, como chovia nessa tarde de abril, tive de sair à varanda, pedir ao Céu que me lavasse.

Ao descer, penetrei no gabinete de trabalho de Jacinto e tropecei num montão negro de ferragens, rodas, lâminas, campainhas, parafusos... Entreabri a janela e reconheci o telefone, o teatrofone, o fonógrafo, outros aparelhos, tombados das suas peanhas, sórdidos, desfeitos, sob a poeira dos anos. Empurrei com o pé esse lixo do engenho humano. A máquina de escrever, escancarada, com os buracos negros marcando as letras desarraigadas, era como uma boca alvar[5] e desdentada. O telefone parecia esborrachado, enrodilhado nas suas tripas de arame. Na trompa do fonógrafo, torta, esbeiçada, para sempre muda, fervilhavam carochas[6]. E ali jaziam, tão lamentáveis e grotescas, aquelas geniais invenções, que eu saí rindo, como duma enorme facécia[7], daquele supercivilizado palácio.

A chuva de abril secara; os telhados remotos da cidade negrejavam sobre um poente de carmesim e ouro. E, através das ruas mais frescas, eu ia pensando que este nosso magnífico século XIX se assemelharia, um dia, àquele *Jasmineiro* abandonado e que outros homens, com uma certeza mais pura do que é a vida e a felicidade, dariam, como eu, com o pé no lixo da supercivilização e, como eu, ririam alegremente da grande ilusão que findara, inútil e coberta de ferrugem.

---

1 Brocados: **tecidos ornamentados com fios de ouro ou prata.**
2 Engelhados, esgaçados: **amarrotados, desfiados.**
3 Perros: **emperrados.**
4 Dessoldados: **abertos, desconjuntados.**
5 Boca alvar: **boca de tolo, de pessoa estúpida.**
6 Carochas: **baratas.**
7 Facécia: **pilhéria, anedota, piada.**

Àquela hora, decerto, Jacinto, na varanda, em Torges, sem fonógrafo e sem telefone, reentrado na simplicidade, via, sob a paz lenta da tarde, ao tremeluzir da primeira estrela, a boiada recolher entre o canto dos boieiros.

O TEATROFONE QUE HAVIA NA MANSÃO DE JACINTO ERA UM APARELHO QUE PERMITIA OUVIR EM CASA, OU EM OUTRO LOCAL, AS PEÇAS E MÚSICAS QUE ESTAVAM SENDO APRESENTADAS EM ALGUM TEATRO — POR MEIO DE UM MICROFONE E A UTILIZAÇÃO DA REDE TELEFÔNICA. ESSA INVENÇÃO FOI COMERCIALIZADA EM 1890. COM O TEMPO, AS EMISSÕES RADIOFÔNICAS E DE TELEVISÃO TORNARAM ESSE APARELHO INÚTIL. A ILUSTRAÇÃO É DE 1892.

THEATROPHONE: PÔSTER DE JULES CHERET, DE 1896.

1. Esse conto, publicado pela primeira vez em 1892, foi, mais tarde, desenvolvido como romance com o título *A cidade e as serras*. Ele apresenta uma espécie de confronto entre duas concepções de vida experienciadas por um mesmo personagem, o milionário Jacinto. Que modo de vida é mostrado na primeira parte da história?
2. Apesar de sua imensa riqueza e do conforto que tinha à sua disposição, como Jacinto se sentia interiormente?
3. Que experiência provocou uma mudança radical no seu modo de vida e na sua visão de mundo? O que mudou nele?
4. Quem é o narrador da história? Pode-se dizer que ele é neutro com relação aos fatos que conta ou se dá a liberdade de comentar o que está narrando?
5. Há no texto várias passagens em que se faz uma sátira à vida supercivilizada, dominada por máquinas e engenhocas sofisticadas. Comente um desses trechos e destaque seu tom satírico.

A tarde descia, pensativa e doce, com nuvenzinhas cor-de-rosa. Para além, na vereda, um bando de corvos grasnava. As éguas fartas dormitavam, com o focinho pendido. E a fonte cantava, lavando o morto.

O TESOURO

I

Os três irmãos de Medranhos, Rui, Guannes e Rostabal, eram então, em todo o Reino das Astúrias[1], os fidalgos mais famintos e os mais remendados[2].

Nos Paços[3] de Medranhos, a que o vento da serra levara vidraça e telha, passavam eles as tardes desse inverno, engelhados[4] nos seus pelotes de camelão[5], batendo as solas rotas[6] sobre as lajes da cozinha, diante da vasta lareira negra, onde desde muito não estalava lume[7], nem fervia a panela de ferro. Ao escurecer devoravam uma côdea[8] de pão negro, esfregada com alho. Depois, sem candeia[9], através do pátio, fendendo a neve, iam dormir à estrebaria, para aproveitar o calor das três éguas lazarentas que, esfaimadas[10] como eles, roíam as traves da manjedoura. E a miséria tornara esses senhores mais bravios que lobos.

Ora, na primavera, por uma silenciosa manhã de domingo, andando todos os três na mata de Roquelanes a espiar pegadas de caça e a apanhar tortulhos[11] entre os robles[12], enquanto as três éguas pastavam a relva nova de abril — os irmãos de Medranhos encontraram, por trás de uma moita de espinheiros, numa cova de rocha, um velho cofre de ferro. Como se o resguardasse uma torre segura, conservava as suas três chaves nas suas três fechaduras. Sobre a tampa, mal decifrável

1 Reino das Astúrias: foi a primeira região que se libertou dos árabes muçulmanos quando estes invadiram a Península Ibérica e lá ficaram por sete séculos. A independência de Astúrias ocorreu no século VIII. A reconquista cristã da península só se completou no século XV.
2 Remendados: miseráveis, esfarrapados.
3 Paços: local onde se eleva uma casa de família nobre ou importante.
4 Engelhados: amarrotados.
5 Pelotes de camelão: espécie de capote com estofo impermeável de pelo de cabra.
6 Rotas (ô): rasgadas, estragadas.
7 Lume: fogo.
8 Côdea: pedaço de pão.
9 Candeia: vela.
10 Esfaimadas: esfomeadas.
11 Tortulhos: um tipo de cogumelo.
12 Robles: carvalhos.

através da ferrugem, corria um dístico em letras árabes. E dentro, até as bordas, estava cheio de dobrões de ouro!

No terror e esplendor da emoção, os três senhores ficaram mais lívidos do que círios[1]. Depois, mergulhando furiosamente as mãos no ouro, estalaram a rir, num riso de tão larga rajada, que as folhas tenras dos olmos, em roda, tremiam... E de novo recuaram, bruscamente se encararam, com os olhos a flamejar[2], numa desconfiança tão desabrida[3] que Guannes e Rostabal apalpavam nos cintos os cabos das grandes facas. Então Rui, que era gordo e ruivo, e o mais avisado[4], ergueu os braços, como um árbitro, e começou por decidir que o tesouro, ou viesse de Deus ou do demônio, pertencia aos três, e entre eles se repartiria, rigidamente, pesando-se o ouro em balanças. Mas como poderiam carregar para Medranhos, para os cimos da serra, aquele cofre tão cheio? Nem convinha que saíssem da mata com o seu bem, antes de cerrar[5] a escuridão. Por isso ele entendia que o mano Guannes, como mais leve, devia trotar para a vila vizinha de Retortilho, levando já ouro na bolsinha, a comprar três alforjes[6] de couro, três maquias[7] de cevada, três empadões de carne e três botelhas[8] de vinho. Vinho e carne eram para eles, que não comiam desde a véspera: a cevada era para as éguas. E assim refeitos, senhores e cavalgaduras, ensacariam o ouro nos alforjes e subiriam para Medranhos, sob a segurança da noite sem lua.

— Bem tramado! — gritou Rostabal, homem mais alto que um pinheiro, de longa guedelha[9] e com uma barba que lhe caía desde os olhos raiados de sangue até a fivela do cinturão.

Mas Guannes não se arredava[10] do cofre, enrugado, desconfiado, puxando entre os dedos a pele negra do seu pescoço de grou[11]. Por fim, brutalmente:

— Manos! O cofre tem três chaves... Eu quero fechar a minha fechadura e levar a minha chave!

— Também eu quero a minha, mil raios! — rugiu logo Rostabal.

---

1   Círios: **velas grossas de cera.**
2   Flamejar: **brilhar como chamas.**
3   Desabrida: **áspera, rude.**
4   Avisado: **prudente.**
5   Cerrar: **fechar.**
6   Alforjes: **bolsas grandes divididas em dois compartimentos, adequadas para viagens a cavalo.**
7   Maquias: **antiga medida de quantidade, equivalente a 4,5 litros aproximadamente.**
8   Botelhas: **garrafas.**
9   Guedelha: **cabelo despenteado e longo.**
10 Não se arredava: **não se afastava.**
11 Grou: **tipo de ave de grande porte.**

Rui sorriu. Decerto, decerto! A cada dono do ouro cabia uma das chaves que o guardavam. E cada um em silêncio, agachado ante o cofre, cerrou a sua fechadura com força. Imediatamente Guannes, desanuviado¹, saltou na égua, meteu pela vereda de olmos, a caminho de Retortilho, atirando aos ramos a sua cantiga costumada e dolente²:

Olé! Olé!
Sale la cruz de la iglesia,
Vestida de negro luto...

II

Na clareira, em frente à moita que encobria o tesouro (e que os três tinham desbastado a cutiladas³, um fio de água, brotando entre rochas, caía sobre uma vasta laje encravada, onde fazia como um tanque, claro e quieto, antes de se escoar para as relvas altas. E ao lado, na sombra de uma faia⁴, jazia um velho pilar de granito, tombado e musgoso. Ali vieram sentar-se Rui e Rostabal, com os seus tremendos espadões entre os joelhos. As duas éguas tosavam a boa erva pintalgada⁵ de papoulas e botões de ouro. Pela ramaria andava um melro⁶ a assobiar. Um cheiro errante de violetas adoçava o ar luminoso. E Rostabal, olhando o sol, bocejava com fome.

Então Rui, que tirara o *sombrero* e lhe cofiava as velhas plumas⁷ roxas, começou a considerar, na sua fala avisada e mansa, que Guannes, nessa manhã, não quisera descer com eles à mata de Roquelanes. E assim era a sorte ruim! Pois que se Guannes tivesse quedado⁸ em Medranhos, só eles dois teriam descoberto o cofre, e só entre eles dois se dividiria o ouro! Grande pena! Tanto mais que a parte de Guannes seria em breve dissipada, com rufiões⁹, aos dados, pelas tavernas.

— Ah! Rostabal, Rostabal! Se Guannes, passando aqui sozinho, tivesse achado este ouro, não dividia conosco, Rostabal!

---

1 **Desanuviado: despreocupado.**
2 **Dolente: lastimosa, cheia de dor e lamento.**
3 **Cutiladas: golpes de espada.**
4 **Faia: um tipo de árvore.**
5 **Pintalgada: com várias cores.**
6 **Melro: pássaro com plumagem negra e canto melodioso.**
7 **Cofiava as velhas plumas: alisava as penas do *sombrero*, palavra espanhola que significa "chapéu".**
8 **Quedado: ficado, permanecido.**
9 **Rufiões: indivíduos que exploram prostitutas.**

O outro rosnou surdamente e com furor, dando um puxão às barbas negras:

— Não, mil raios! Guannes é sôfrego¹... Quando o ano passado, se te lembras, ganhou os cem ducados ao espadeiro de Fresno, nem me quis emprestar três para eu comprar um gibão² novo!

— Vês tu! — gritou Rui, resplandecendo³.

Ambos se tinham erguido do pilar de granito, como levados pela mesma ideia, que os deslumbrava⁴. E, através das suas largas passadas, as ervas altas silvavam.

— E para quê — prosseguia Rui. — Para que lhe serve todo o ouro que nos leva? Tu não o ouves, de noite, como tosse? Ao redor da palha em que dorme, todo o chão está negro do sangue que escarra! Não dura até as outras neves, Rostabal! Mas até lá terá dissipado os bons dobrões⁵ que deviam ser nossos, para levantarmos a nossa casa, e para tu teres ginetes⁶, e armas, e trajes nobres, e o teu terço de solarengos⁷, como compete a quem é, como tu, o mais velho dos de Medranhos...

— Pois que morra, e morra hoje! — bradou Rostabal.

— Queres?

Vivamente, Rui agarrara o braço do irmão e apontava para a vereda de olmos, por onde Guannes partira cantando:

— Logo adiante, ao fim do trilho, há um sítio bom, nos silvados⁸. E hás de ser tu, Rostabal, que és o mais forte e o mais destro⁹. Um golpe de ponta pelas costas. E é justiça de Deus que sejas tu, que muitas vezes, nas tavernas, sem pudor, Guannes te tratava de cerdo¹⁰ e de torpe¹¹, por não saberes a letra nem os números.

— Malvado!

— Vem!

Foram. Ambos se emboscaram por trás dum silvado, que dominava o atalho, estreito e pedregoso, como um leito de torrente. Rostabal, assolapado¹² na vala, tinha já a espada nua. Um vento leve arrepiou na encosta as folhas dos álamos — e sentiram o repique leve dos sinos de Retortilho. Rui, coçando a barba, calculava as horas pelo sol, que já se inclinava para as serras. Um bando de corvos passou so-

---

1 **Sôfrego:** cobiçoso, ganancioso.
2 **Gibão:** casaco curto.
3 **Resplandecendo:** com os olhos brilhando.
4 **Deslumbrava:** fascinava.
5 **Dobrões:** antigas moedas de ouro.
6 **Ginetes:** cavalos de raça.
7 **Solarengos:** proprietários de solar, grande residência de família nobre ou rica.
8 **Silvados:** moitas de silvas e outras plantas espinhosas.
9 **Destro:** hábil.
10 **Cerdo:** porco.
11 **Torpe:** infame.
12 **Assolapado:** escondido, oculto.

bre eles, grasnando. E Rostabal, que lhes seguira o voo, recomeçou a bocejar, com fome, pensando nos empadões e no vinho que o outro trazia nos alforjes. Enfim! Alerta! Era, na vereda, a cantiga dolente e rouca, atirada aos ramos.

Olé! Olé!
Sale la cruz de la iglesia
Toda vestida de negro...

Rui murmurou:
— Na ilharga! Mal que passe[1]!

O chouto[2] da égua bateu o cascalho, uma pluma num *sombrero* vermelhejou por sobre a ponta das silvas.

Rostabal rompeu de entre a sarça[3] por uma brecha, atirou o braço, a longa espada — e toda a lâmina se embebeu molemente na ilharga de Guannes, quando ao rumor, bruscamente, ele se virara na sela. Com um surdo arranco, tombou de lado, sobre as pedras. Já Rui se arremessava aos freios da égua — Rostabal, caindo sobre Guannes, que arquejava, de novo lhe mergulhou a espada, agarrada pela folha[4] como um punhal, no peito e na garganta.

— A chave! — gritou Rui.

E arrancada a chave do cofre ao seio do morto, ambos largaram[5] pela vereda — Rostabal adiante, fugindo, com a pluma do *sombrero* quebrada e torta, a espada ainda nua entalada sob o braço, todo encolhido, arrepiado com o sabor de sangue que lhe espirrara para a boca; Rui, atrás, puxando desesperadamente os freios da égua, que, de patas fincadas no chão pedregoso, arreganhando a longa dentuça amarela, não queria deixar o seu amo assim estirado, abandonado, ao comprido das sebes[6].

Teve de lhe espicaçar[7] as ancas lazarentas[8] com a ponta da espada — e foi correndo sobre ela, de lâmina alta[9], como se perseguisse um mouro[10], que desem-

---

1 **Mal que passe: assim que passar.**
2 **Chouto: trote curto.**
3 **Sarça: matagal.**
4 **Folha: lâmina.**
5 **Largaram: fugiram.**
6 **Ao comprido das sebes: ao longo das cercas de arbustos.**
7 **Espicaçar: cutucar com objeto cortante.**
8 **Lazarentas: cheias de chagas ou feridas.**
9 **De lâmina alta: com a espada levantada.**
10 **Mouro: árabe, isto é, como se estivesse perseguindo os árabes invasores da Península Ibérica.**

bocou na clareira onde o sol já não dourava as folhas. Rostabal arremessara para a relva o *sombrero* e a espada; e debruçado sobre a laje escavada em tanque, de mangas arregaçadas, lavava, ruidosamente, a face e as barbas.

A égua, quieta, recomeçou a pastar, carregada com os alforjes novos que Guannes comprara em Retortilho. Do mais largo, abarrotado, surdiam[1] dois gargalos de garrafas. Então Rui tirou, lentamente, do cinto, a sua larga navalha. Sem um rumor na selva espessa, deslizou até Rostabal, que resfolgava[2], com as longas barbas pingando. E serenamente, como se pregasse uma estaca num canteiro, enterrou a folha toda no largo dorso dobrado, certeira sobre o coração.

Rostabal caiu sobre o tanque, sem um gemido, com a face na água, os longos cabelos flutuando na água. A sua velha escarcela[3] de couro ficara entalada sob a coxa. Para tirar de dentro a terceira chave do cofre, Rui solevou o corpo — e um sangue mais grosso jorrou, escorreu pela borda do tanque, fumegando.

III

Agora eram dele, só dele, as três chaves do cofre!... E Rui, alargando os braços, respirou deliciosamente. Mal a noite descesse, com o ouro metido nos alforjes, guiando a fila das éguas pelos trilhos da serra, subiria a Medranhos e enterraria na adega o seu tesouro! E quando ali na fonte, e além rente aos silvados, só restassem, sob as neves de dezembro, alguns ossos sem nome, ele seria o magnífico senhor de Medranhos, e na capela nova do solar renascido mandaria dizer missas ricas pelos seus dois irmãos mortos... Mortos, como? Como devem morrer os Medranhos — a pelejar contra o Turco[4]!

Abriu as três fechaduras, apanhou um punhado de dobrões, que fez retinir[5] sobre as pedras. Que puro ouro, de fino quilate! E era o *seu* ouro! Depois de examinar a capacidade dos alforjes — e encontrando as duas garrafas de vinho, e um gordo capão assado, sentiu uma imensa fome. Desde a véspera só comera uma lasca de peixe seco. E há quanto tempo não provava capão!

Com que delícia se sentou na relva, com as pernas abertas, e entre elas a ave loura, que recendia[6], e o vinho cor de âmbar! Ah! Guannes fora bom mordomo — nem esquecera azeitonas. Mas por que trouxera ele, para três convivas, só duas

---

1 Surdiam: **apareciam.**
2 Resfolgava: **resfolegava, respirava ruidosamente.**
3 Escarcela: **pequena bolsa presa na cintura.**
4 Turco: **alusão genérica aos muçulmanos, inimigos dos portugueses e espanhóis.**
5 Retinir: **ressoar.**
6 Recendia: **que cheirava bem.**

garrafas? Rasgou uma asa do capão: devorava a grandes dentadas. A tarde descia, pensativa e doce, com nuvenzinhas cor-de-rosa. Para além, na vereda, um bando de corvos grasnava. As éguas fartas dormitavam, com o focinho pendido. E a fonte cantava, lavando o morto.

Rui ergueu à luz a garrafa de vinho. Com aquela cor velha e quente, não teria custado menos de três maravedis[1]. E pondo o gargalo à boca, bebeu em sorvos lentos, que lhe faziam ondular o pescoço peludo. Oh vinho bendito, que tão prontamente aquecia o sangue! Atirou a garrafa vazia — destapou outra. Mas, como era avisado, não bebeu porque a jornada para a serra, com o tesouro, requeria firmeza e acerto. Estendido sobre o cotovelo, descansando, pensava em Medranhos coberto de telha nova, nas altas chamas da lareira por noites de neve, e o seu leito com brocados[2], onde teria sempre mulheres.

De repente, tomado de uma ansiedade, teve pressa de carregar os alforjes. Já entre os troncos a sombra se adensava[3]. Puxou uma das éguas para junto do cofre, ergueu a tampa, tomou um punhado de ouro... mas oscilou, largando os dobrões que retilintaram no chão, e levou as duas mãos aflitas ao peito. Que é, D. Rui! Raios de Deus! Era um lume, um lume vivo, que se lhe acendera dentro, lhe subia até as goelas. Já rasgara o gibão, atirava os passos incertos e, a arquejar, com a língua pendente, limpava as grossas bagas dum suor horrendo que o regelava como neve. Oh Virgem Mãe! Outra vez o lume, mais forte, que alastrava, o roía! Gritou:

— Socorro! Alguém! Guannes! Rostabal!

Os seus braços torcidos batiam o ar desesperadamente. E a chama dentro galgava — sentia os ossos a estalarem como as traves duma casa em fogo. Cambaleou até à fonte para apagar aquela labareda, tropeçou sobre Rostabal; e foi com o joelho fincado no morto, arranhando a rocha, que ele, entre uivos, procurava o fio de água, que recebia sobre os olhos, pelos cabelos. Mas a água mais o queimava, como se fosse um metal derretido. Recuou, caiu para cima da relva que arrancava aos punhados, e que mordia, mordendo os dedos, para lhe sugar a frescura. Ainda se ergueu, com uma baba densa a escorrer-lhe nas barbas; e de repente, esbugalhando pavorosamente os olhos, berrou como se compreendesse enfim a traição, todo o horror:

— É veneno!

Oh! D. Rui, o avisado, era veneno! Porque Guannes, apenas chegara a Retortilho, mesmo antes de comprar os alforjes, correra cantando a uma viela, por detrás

---

1 **Maravedis: moedas da época usadas na Península Ibérica.**
2 **Brocados: tecidos de seda com relevos bordados a ouro ou prata.**
3 **Adensava: ficava mais densa.**

da catedral, a comprar ao velho droguista[1] judeu o veneno que, misturado ao vinho, o tornaria a ele, a ele somente, dono de todo o tesouro.

Anoiteceu. Dois corvos de entre o bando que grasnava, além nos silvados, já tinham pousado sobre o corpo de Guannes. A fonte, cantando, lavava o outro morto. Meio enterrada na erva, toda a face de Rui se tornara negra. Uma estrelinha tremeluzia no céu.

O tesouro ainda lá está, na mata de Roquelanes.

1. No início do conto, o narrador apresenta os três personagens e diz que "a miséria tornara esses senhores mais bravios que lobos". Esse comentário se confirma ao longo da história? Justifique.
2. Faça um resumo das características psicológicas de cada personagem.
3. Que característica comum aos três irmãos fez com que eles se destruíssem uns aos outros?
4. Esse conto está dividido em três partes — cada uma corresponde a um momento da história. Dê um título a cada uma dessas partes e resuma o seu conteúdo.

---

1 Droguista: pessoa que sabe preparar drogas.

ENTREVISTA IMAGINÁRIA COM EÇA DE QUEIRÓS

Eça de Queirós foi um escritor polêmico, crítico, muitas vezes irreverente, que não se interessou apenas por literatura, mas também por muitos assuntos ligados à vida social, política e cultural. Para conhecermos um pouco mais de suas ideias, imaginamos uma entrevista com ele. As respostas, quase sempre marcadas por sua fina ironia, foram extraídas de suas obras e principalmente de sua correspondência.

Entrevistador: O senhor usa com frequência a ironia e o humor em seus livros. Por quê?

Eça de Queirós: O riso é a mais útil forma de crítica, porque é a mais acessível à multidão. O riso dirige-se não ao letrado e ao filósofo, mas à massa, ao imenso público anônimo.

E: O que acha dos políticos em geral?

EQ: Os políticos e as fraldas devem ser mudados frequentemente e pela mesma razão.

E: O senhor se envolveu em várias polêmicas pelas críticas duras que fez a Portugal. Para muita gente, o senhor não é um patriota. Quem é um patriota na sua opinião?

EQ: Os patriotas põem a pátria acima do interesse, da ambição [...]. Tudo o que é seu o dão à pátria; sacrificam-lhe vida, trabalho, saúde, força. Dão-lhe sobretudo o que as nações necessitam mais, e o que só as faz grandes: dão-lhe a verdade. A verdade em tudo, em história, em arte, em política, nos costumes. Não a adulam, não a iludem: não lhe dizem que ela é grande porque tomou Calicut, dizem-lhe que é pequena porque não tem escolas. Gritam-lhe sem cessar a verdade rude e brutal. Gritam-lhe: — Tu és pobre, trabalha; tu és ignorante, estuda; tu és fraca, arma-te! E quando tiveres trabalhado, estudado, quando te tiveres armado, eu, se for necessário, saberei morrer contigo!

E: O senhor nunca visitou o Brasil, embora tenha muitos admiradores por lá. Na sua opinião, o que é o brasileiro?

EQ: O brasileiro é o português — dilatado pelo calor.

E: E o que acha da revolução que depôs o imperador e proclamou a república?

EQ: A revolução do Brasil (tal como a contam os telegramas passados através da censura republicana) é menos uma revolução do que uma transformação, como nas mágicas. O Marechal Deodoro da Fonseca dá um sinal com a espada: imediatamente, sem choque, sem ruído, como cenas pintadas que deslizam, a monarquia, o monarca, o pessoal monárquico, as instituições monárquicas desaparecem — e, ante a vista assombrada, surge uma república, toda completa, apetrechada, já provida de bandeira, de hino, de selos de correio e da bênção do Arcebispo Lacerda. Sem atritos, sem confusão, esta república começa logo a funcionar. Nas repartições do Estado, os amanuenses, que já tinham lançado no papel dos decretos a velha fórmula "Em nome de S. M. o Imperador", riscam, ao ouvir na rua as aclamações alegres, este dizer anacrônico, e, sem mesmo molhar novamente a pena, desenrolam no seu melhor cursivo a fórmula recente — "Em nome do Presidente da República". [...] Se os telegramas, pois, são fiéis, esta revolução é simultaneamente grandiosa — e divertida.

E: O que o senhor diria sobre a influência da religião na sociedade?

EQ: Todo negociante que atribui ao objeto que vende uma qualidade superior, para o fazer valer, usa de fraude, e está incurso nas penalidades da lei. A lei, que não pode impedir a simplicidade e a credulidade, põem-na ao abrigo dos exploradores. Ainda há pouco, um homem que vendia camisolas de malha vermelhas, declarando que elas tinham o privilégio de curar repentinamente o reumatismo mais rebelde, foi devidamente autuado e multado. Por consequência, todo missionário pode descer do púlpito e vir para a praça vender rosários, imagens, litografias de santos etc. Está no seu pleno direito civil. Mas se, servindo-se da sua autoridade sacerdotal, esse homem afiança do púlpito, invocando Deus e sob a garantia da sua missão religiosa, que essas relíquias lhe foram entregues por um anjo, e curam as doenças, fazem voltar ao amor os maridos distraídos, saram a esterilidade, livram de tentações, e que recai um castigo em quem as não compra — esse homem atribui ao seu ramo de comércio um valor sobrenatural, e vende como relíquia vinda do Céu uma quinquilharia de Braga. Cai, pois, como negociante fraudulento, sob os rigores da polícia!

E: Mas não há dúvida de que há religiosos que honram a sua missão evangelizadora e cristã e são reconhecidos pelo povo, não é mesmo? É o que vimos em janeiro de 1892, em Londres, por ocasião da morte do cardeal Edward Manning. O senhor concorda?

EQ: O cardeal Manning foi um santo do século XIX. [...] Pobre ele próprio, porque a sua fortuna se fora toda em caridade, era menos como um majestoso protetor do que como um irmão simples que se misturava às plebes. [...] Por isso Londres lhe chamou o *Cardeal dos pobres*. E são sobretudo os pobres que, pela sinceridade da sua dor, lhe estão convertendo a morte numa apoteose. Quando todos os jornais de Inglaterra lhe dedicam comovidos estudos, [...] quando a corte, a magistratura, as academias, as associações prestam ao seu esquife o preito tradicional das flores — é apenas uma sociedade muito culta e consciente que lamenta a perda dum cidadão grande pelo saber, pela virtude, pela energia civilizadora. Mas quando de todos os bairros humildes de Londres acodem multidões ao palácio episcopal a contemplar pela última vez, na capela ardente, onde ele repousa, o velho cardeal dos pobres; quando milhares de operários acompanham o seu funeral; quando mulheres de trabalho e crianças vão deitar ramos de flores silvestres sobre a terra que o cobre — é um povo que chora o seu bom amigo, o pai que viveu para lhes fazer bem, e pelo bem que lhes fez subiu ao Céu. Hoje já não é o Papa, mas o povo que canoniza.

E: O senhor viajou bastante e conheceu algumas das cidades mais adiantadas da Europa, com uma industrialização crescente. Como é viver nesses lugares?

EQ: Nessas democracias industriais e materialistas, furiosamente empenhadas na luta pelo pão egoísta, as almas cada dia se tornam mais secas e menos capazes de piedade.

E: O que esse tipo de civilização pode provocar nas pessoas?

EQ: Quando uma civilização se abandona toda ao materialismo, e dele tira, como a nossa, todos os seus gozos e todas as suas glórias, tende sempre a julgar as civilizações alheias segundo a abundância ou a escassez do progresso material, industrial e suntuário.

E: Mas o desenvolvimento incrível da ciência...

EQ: A ciência realmente só tem alcançado tornar mais intensa e forte uma certeza: a velha certeza socrática da nossa irreparável ignorância. De cada vez sabemos mais — que não sabemos nada.

E: Em sua obra, há muitas páginas sobre o amor. O que é amar?

EQ: Tudo que não seja viver escondido numa casinhola, pobre ou rica, com uma pessoa que se ame, e no adorável conforto espiritual que dê esse amor, me parece agora vão, fictício, inútil, oco e ligeiramente imbecil.

E: O amor pode durar?

EQ: *Love me little, love me long*. Há muita verdade neste lindo provérbio inglês. O que é violento é perecível. O que é calmo é duradouro. Um amor brusco e irrefletido, e com natureza de chama, participaria da essência dessa primeira ilusão de que eu falei há pouco, e estaria condenado, como toda a chama, a consumir-se a si mesmo. É necessário que as coisas cresçam devagar e lentamente — para que durem muito.

E: Mas a rotina do cotidiano, com o tempo, não quebra o encanto do amor?

EQ: A separação temporária tem isto de bom — que põe em relevo e torna interessantes mil pequenas coisas da vida daqueles que amamos, que até aí, todos os dias vistas, quase se não percebiam.

E: E a vida no campo?

EQ: O campo, na verdade, só é agradável com família, e toda árvore é triste se na sua sombra não brinca uma criança.

E: Já que falou em criança, lembramos que o senhor tem quatro filhos. O que representam as crianças?

EQ: As crianças são os únicos seres divinos que a nossa pobre humanidade conhece. Os outros anjos, os das asas, nunca aparecem. Os santos, depois de santos, ficam na bem-aventurança a preguiçar, ninguém mais os enxerga. E, para concebermos uma ideia das coisas do Céu, só temos realmente as criancinhas...

E: Os livros podem ajudar as crianças?

EQ: A criança portuguesa é excessivamente viva, inteligente e imaginativa. Em geral, nós outros, os portugueses, só começamos a ser idiotas quando chegamos à idade da razão. Em pequenos temos todos uma pontinha de gênio; e estou certo que se existisse uma literatura infantil como a da Suécia ou da Holanda, para citar só países tão pequenos como o nosso, erguer-se-ia consideravelmente entre nós o nível intelectual. [...] E quantos milhares de crianças se fariam felizes, com esses bonitos livros — que, para serem populares e se poderem despedaçar sem prejuízo, devem custar menos de um tostão! Eu bem sei que essa ideia de compor livros para crianças faria rir Lisboa inteira. Também, não é a Lisboa que eu a ofereço, Lisboa não se ocupa destes detalhes.

E: O senhor aceitaria escrever livros infantis? E que recompensas esperaria ganhar com isso?

EQ: Uma boa fazenda, de rendimento certo, numa província rica, com casa já mobilada e alguns cavalos na cavalariça, não seria talvez demais se a gratidão do governo imperial quisesse juntar a isto um ou dois milhões em ouro, eu não os recusaria. E se me não quisessem dar nada, bastar-me-ia então que um só bebê se risse e fosse alguns minutos feliz. Pensando bem: é esta recompensa que prefiro.

E: O que é a arte?

EQ: A arte é um resumo da natureza feito pela imaginação.

E: Por que o senhor costuma dizer que a sociedade, de modo geral, não se interessa por arte?

EQ: Para ter um gosto próprio e julgar com alguma finura das coisas de arte é necessária uma preparação, uma cultura adequada. E onde tem o homem de trabalho, no nosso tempo, vagares para essa complicada educação, que exige viagens, mil leituras, a longa frequentação dos museus, todo um afinamento particular do espírito? Os próprios ociosos não têm tempo — porque, como se sabe, não há profissão mais absorvente do que a vadiagem. Os interesses, os negócios, a loja, a repartição, a família, a profissão liberal, os prazeres não deixam um momento para as exigências de uma iniciação artística.

E: Toda a sua vida, praticamente, foi dedicada à arte, sobretudo à literatura, à criação de histórias e personagens. O que é importante para você como escritor?

EQ: Na arte só têm importância os que criam almas, e não os que reproduzem costumes.

E: Mas, afinal, qual é a importância da arte?

EQ: A arte oferece-nos a única possibilidade de realizar o mais legítimo desejo da vida — que é não ser apagada de todo pela morte. [...] A única esperança que nos resta de não morrermos absolutamente como as couves é a fama, essa imortalidade relativa que só dá a arte.

E: Por quê?

EQ: Só a arte realmente pode dizer aos seus eleitos, com firmeza e certeza: — Tu não morrerás inteiramente; e mesmo amortalhado, metido entre as tábuas dum caixão, regado de água benta, tu poderás continuar por mim a viver. O teu pensamento, manifestação melhor e mais completa da tua vida, permanecerá intato, sem que contra ele prevaleçam todos os vermes da terra; e ainda que, fixado definitivamente na tua obra, pareça imobilizado nela como uma múmia nas suas ligaduras, ele terá todavia o supremo sintoma da vida, a renovação e o movimento, porque fará vibrar outros pensamentos e através das criações deles estará perpetuamente criando. Mesmo o teu riso, dum momento, reviverá nos risos que for despertando; e as tuas lágrimas não secarão porque farão correr outras lágrimas. [...] A arte é tudo — tudo o resto é nada. Só um livro é capaz de fazer a eternidade dum povo. Podes-me tu dizer quem foram, no tempo de Shakespeare, os grandes banqueiros e as formosas mulheres? Onde estão os sacos de ouro deles e o rolar do seu luxo? Onde estão os claros olhos delas? Onde estão as rosas de York que floriram então? Mas Shakespeare está realmente tão vivo como quando, no estreito tablado do [teatro] Globo, ele dependurava a lanterna que devia ser a Lua, triste e amorosamente invocada, alumiando o jardim dos Capuletos.

E: Qual o tema principal da arte?

EQ: O melhor espetáculo para o homem — será sempre o próprio homem.

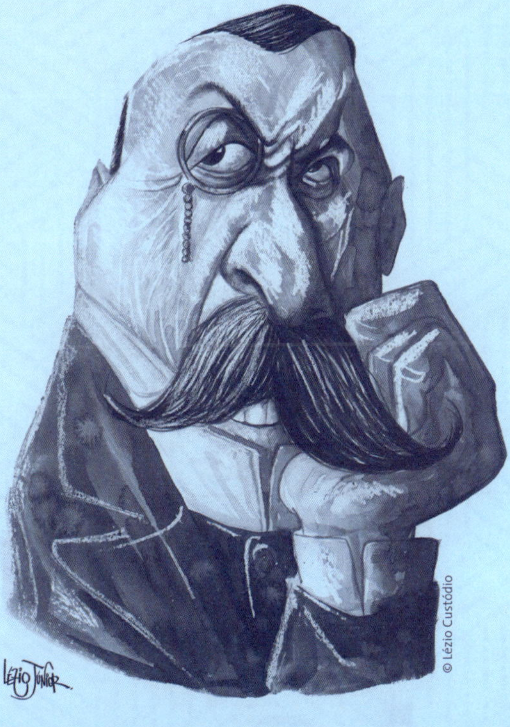
Lézio Júnior